Stefano Ripepi

Benedetto il Signore perché ha visitato e redento il suo popolo

Stefano Ripepi

Benedetto il Signore perché ha visitato e redento il suo popolo

La Parola della Domenica - ANNO C - Un Commento Spirituale

Edizioni Sant'Antonio

Imprint
Any brand names and product names mentioned in this book are subject to trademark, brand or patent protection and are trademarks or registered trademarks of their respective holders. The use of brand names, product names, common names, trade names, product descriptions etc. even without a particular marking in this work is in no way to be construed to mean that such names may be regarded as unrestricted in respect of trademark and brand protection legislation and could thus be used by anyone.

Cover image: Immagine di copertina: Visita dei Magi

Publisher:
Edizioni Accademiche Italiane
is a trademark of
Dodo Books Indian Ocean Ltd. and OmniScriptum S.R.L publishing group

120 High Road, East Finchley, London, N2 9ED, United Kingdom
Str. Armeneasca 28/1, office 1, Chisinau MD-2012, Republic of Moldova, Europe
Printed at: see last page
ISBN: 978-613-8-39091-6

Stefano Ripepi

Benedetto il Signore perché ha visitato e redento il suo popolo.

La Parola della Domenica - ANNO C - Un Commento Spirituale

A tutti coloro che mi hanno aiutato a pensare ed a scrivere queste pagine, ed in modo particolare a mia nipote Lucia, che mi ha incoraggiato a pubblicarle.

INTRODUZIONE

"Per farti capire che l'uomo non vive soltanto di pane, ma di quanto esce dalla bocca del Signore" (Dt 88,3); "Lampada per i miei passi è la tua parola, luce sul mio cammino" (Sal 119,105).

Ogni volta che ci si accinge a studiare, meditare, commentare la Parola di Dio, si deve necessariamente tenere conto di queste due citazioni della Bibbia. La Parola di Dio è sopra ogni altra cosa nutrimento per la vita dell'uomo e luce per il suo cammino. Qualunque persona, sacerdote, monaco, religioso consacrato, battezzato, semplice cercatore di Dio ha il dovere per sé stesso e per gli altri di "spezzarla" per renderla più commestibile e penetrante. Ma quando colui che sminuzza la Parola ha un ruolo di guida della comunità come può essere il sacerdote, nel caso concreto anche parroco, diventa importante non solo ricordarsi lo scopo della Parola ma anche tenere conto del "luogo" dove Essa viene commentata, nel caso specifico, la liturgia e la catechesi. Le pagine donate al lettore non sono altro che il risultato di queste componenti. Come studioso della Bibbia, e quindi come insegnante, so bene che l'accostamento alla Parola chiede una preparazione scientifica per ricercare la verità, ma questa non deve essere fine a sé stessa, per soddisfare una curiosità, per creare un accumulo di conoscenze o addirittura per diletto; la Parola di Dio ci è stata donata con una finalità pratica: entra nella formazione della persona e nel suo agire, delinea e costruisce la via della somiglianza di Dio

Le meditazioni che costituiscono il libro sono state preparate come spunto per l'omelia domenicale e sono state pubblicate di settimana in settimana nel giornale "L'Avvenire di Calabria". Anche se non hanno la pretesa di avere un valore scientifico a livello accademico non vuol dire che ne sono completamente prive, anzi, tutte le volte che il testo presentava difficoltà o tensioni che potevano ostacolare l'interpretazione e la comprensione del messaggio sono state affrontate con una metodologia esegetica per motivare e dare fondamento all'esortazione.

Nella sua natura la Parola ha la necessità di essere interpretata, ma in questo processo è assurdo pensare che essa si sottometta ai nostri desideri e alle nostre necessità: "Come infatti la pioggia e la neve scendono dal cielo e non vi ritornano senza aver irrigato la terra, senza averla fecondata e fatta germogliare, perché dia il seme a chi semina e il pane a chi mangia, così sarà della mia parola uscita dalla mia bocca: non ritornerà a me senza effetto, senza aver operato ciò che desidero e senza aver compiuto ciò per cui l'avevo mandata." (Is 55,10-11). Dobbiamo quindi stare attenti a non ascoltare la Parola con le orecchie del "mi piace" o "non mi piace", "mi emoziona" e "mi fa stare bene", perché in questo modo non ci arricchiamo ma la impoveriamo. Lo spazio della Parola e in corrispondenza quello dell'ascolto è quello della libertà; la libertà del povero e dell'ignorante che si fa donare non solo il frutto ma anche il cesto per contenerlo, la terra e l'aratro per lavorarla. Le meditazioni sono volutamente non lunghe, non sono sintesi o peggio ancora parafrasi delle letture. Vogliono, invece, essere scintille che accendono un fuoco, segnali che indicano un cammino, vogliono mettere il lettore nella condizione di leggere la propria vita, ma soprattutto di riscriverla, di poter raccontare alla luce della Parola sé stesso e gli altri. Molte volte l'incipit è un episodio di vita vissuta, un luogo comune o una mentalità acquisita che si può riscontrare nella quotidianità anche attraverso l'uso dei vecchi e nuovi mezzi di comunicazione. Il richiamo non vuole aprire un'indagine psico-sociologica ma essere il punto di partenza per dare la possibilità alla Parola di illuminare la vita e di nutrirla.

Nella stesura di questo commento alle letture della Parola di Dio è parso opportuno non riportare i testi integrali ma i soli riferimenti biblici per ciascuna domenica o solennità volendo indicare al lettore la necessità di approcciarsi ai commenti avendo sempre davanti i testi della Scrittura cui si riferiscono.

ANNO C

TEMPO DI AVVENTO

I DOMENICA DI AVVENTO

IL TEMPO DELLA PROMESSA

Ger 33,14-16;

Sal 24;

1Ts 3,12-4,2;

Lc 21,25-28.34-36.

Per molte persone l'avvenire è sorgente di angoscia. Significa perdita di ciò che si è acquistato, distruzione del passato che si vorrebbe conservare. Indica la morte. Per chi vive nella fede, è sorgente di speranza. Non il facile ottimismo di coloro che credono ingenuamente in un progresso automatico dell'umanità, grazie allo sviluppo delle scienze e delle tecniche, ma la lucida speranza di chi discerne l'avvento di un mondo autentico all'interno di un mondo che corre verso la morte. Avvento che attesta un'attesa non fondata sul desiderio di qualcosa che appaghi i nostri bisogni e cambi in meglio la nostra vita, ma piena di speranza ancorata sulla promessa che Dio ha fatto al suo popolo, che ha realizzato nell'incarnazione morte e risurrezione di suo Figlio e che completerà con noi nella seconda venuta di Gesù Cristo.

Il tempo della promessa è ben tracciato dal profeta Geremia: "Ecco verranno giorni nei quali io realizzerò le promesse di bene". Una promessa che contiene l'azione di Dio: "Farò germogliare per Davide un germoglio di giustizia"; annuncia la missione di Gesù, "Egli eserciterà il giudizio e la giustizia sulla terra" e porta con sé la trasformazione della realtà, "Giuda sarà salvato e Gerusalemme vivrà tranquilla. Così sarà chiamata: «Signore nostra giustizia»". Questa profezia è stata realizzata pienamente da Gesù Cristo e ha trasformato non solo la città di Gerusalemme e di Giuda, ma tutta l'umanità. A Lui si riferisce S. Paolo quando ci esorta ad abbondare e crescere nell'amore vicendevole e verso tutti, è grazie al Signore e nel Signore che possiamo amare, rendere saldi e irreprensibili i nostri cuori da presentare a Dio nel momento della seconda venuta di Gesù Cristo con tutti i suoi santi.

La seconda venuta, ci ricorda il vangelo secondo S. Luca, è caratterizzata da un segno, il potere della natura e degli uomini saranno svuotati, perderanno il loro valore, e in quel vuoto, quando lo stesso ordinamento cosmico non ostacolerà la visione, allora si vedrà la vera potenza, quella del Figlio dell'Uomo che viene sulle nubi. Si vedrà se il nostro occhio, la lucerna del nostro corpo, sarà terso, allora anche le tenebre diventeranno luce (Cfr. Mt 6,22-23). Dopo questa visione e in questo spazio creato da Dio, l'uomo si potrà presentare. "La vostra liberazione è vicina", quello che è necessario, ciò che dipendeva da Dio, è stato compiuto dal Figlio, quel regno che aveva annunciato e realizzato è diventato la nostra libertà, la liberazione è vicina. Non restano all'uomo che due atteggiamenti che devono caratterizzare la sua attesa: l'attenzione del cuore e la vigilanza. "State attenti che i vostri cuori non si appesantiscano in dissipazioni, ubriachezze e affanni della vita", quando Gesù parla di cuore appesantito, fa certamente allusione a ciò che aveva proclamato nel discorso della montagna,

"Non accumulate tesori sulla terra dove tignola e ruggine consumano, dove ladri scassinano e portano via. Accumulate tesori in cielo, dove tignola e ruggine non consumano e dove i ladri non scassinano e non portano via. Infatti, dov'è il tuo tesoro, lì sarà il tuo cuore" (Mt 6,19-21). Con il verbo appesantire Gesù fa riferimento a un'affezione sbagliata alle cose della terra che rende arido il cuore, le "dissipazioni, ubriachezze e affanni della vita" indicano singolarmente e nell'insieme una mancanza di orientamento, un cuore che paradossalmente non fissato sul vero bene diventa immobile e imprigionato. In questa situazione d'immobilità si deve interpretare la modalità del giorno e non solo la temporalità; "improvviso" qui, infatti, non ha solo valore cronologico, ma anche "situazionale". L'immagine del laccio fa riferimento a qualcosa che ti può afferrare perché non sei capace di nessun movimento, talmente appesantito e pesante da essere diventato immobile.

Si capiscono a questo punto i due atteggiamenti positivi della vigilanza e della preghiera come l'unico antidoto per non cadere nella tentazione della "pesantezza", paradossalmente due atteggiamenti che fisicamente sembrano statici in realtà sono quelli che creano il movimento spirituale dell'avvento, quello che nella sapienza biblica liturgica il salmo ci fa ripetere: "A te, Signore innalzo l'anima mia".

II DOMENICA DI AVVENTO

NEL DESERTO DIO FORMA IL SUO POPOLO

Bar 5,1-9;

Sal 125;

Fil 1,4-6.8-11;

Lc 3,1-6.

L'azione di Dio passa attraverso la sua Parola. Il terzo evangelista non pensa che Dio crei direttamente gli eventi storici, che rientrano di per sé nella storia della salvezza. Tuttavia, la Parola ha degli effetti sulla storia e questi non sono segnalati in modo straordinario dall'onnipotenza divina. Quando Dio parla, ci vuole un mediatore, in questo caso l'uomo Giovanni Battista. Egli percorre il paese (Lc 3,3a), cosa che chiunque può fare, ma ciò che è nuovo, ciò che rivela Dio agli uomini, è il suo annuncio (v. 3b). Non è né una conquista del quaggiù da parte del divino né un evento di parola senza effetti nella storia: la Parola di Dio suscita una storia di salvezza quando alcuni essere umani si lasciano prendere da essa, ascoltano, obbediscono, amano.

All'inizio del capitolo tre del suo vangelo Luca ci presenta, con un lungo periodo, la situazione politico-geografica della Palestina del tempo, la sua descrizione non è guidata dal semplice interesse storico-contestuale, ma vuole soprattutto rilevare il contrasto che esiste tra l'agire umano e quello divino. La potenza militare romana che umanamente aveva cercato di riunire buona parte del mondo risulta quasi impotente nella Palestina, piccolo stato ai confini dell'impero che si trova diviso in tetrarchie. Ancora oggi, con le distinzioni dovute, ci troviamo nella stessa situazione. Si presenta davanti ai nostri occhi il tentativo di un potere forte di riunire il mondo sotto lo stesso governo per poterlo dominare attraverso la divisione e il controllo dei paesi più deboli per mezzo di "tetrarchi" associati a tale potere.

Mentre quel mondo, e questo, litiga e si preoccupa di come dominare, Dio prepara il suo regno attraverso i suoi "chiamati" e guida i suoi profeti attraverso la sua Parola, anzi la sua Parola, li costituisce e chiede loro di renderlo presente e di estendere la sua voce. Luca ci racconta questo con arte narrativa. Il periodo del testo inizia con una temporale per fare risaltare la forza del contrasto attraverso la proposizione principale. "La Parola di Dio scese su Giovanni, figlio di Zaccaria, nel deserto". In quello stesso anno, decimoquinto dell'impero di Tibèrio, ma in luogo diverso e con una persona diversa, la Parola di Dio inizia la sua storia per raggiungere la sua meta: "Ogni uomo vedrà la salvezza di Dio". A differenza degli altri sinottici Luca non si sofferma sull'abbigliamento e sul cibo che mangia il precursore, si concentra, invece, sulla sua attività di predicatore, presenta la figura del Battista attraverso la citazione di Isaia (40,3-5). Le parole del profeta riportate da Luca non sono parole profetiche, ma attestano e testimoniano il ruolo di Giovanni. Il terzo evangelista cita il testo dalla versione dei LXX e non da quello Masoretico, che è riportato nella traduzione della CEI, non riporta integralmente il passo, ma lo gioca in base al suo compimento. Come gli altri sinottici cambia "Una voce grida: nel deserto, preparate la via al Signore" (Is 40,3) in "Una voce grida nel deserto: preparate la via al Signore", creando così un forte legame con ciò che ha detto prima: Giovanni nel deserto realizza la profezia di Isaia. Per noi che leggiamo il significato principale è questo, sapere perché il Battista è andato nel deserto.

Il deserto è l'ambito della non interferenza, dove Dio può incontrare l'uomo senza che questi sia attratto dai beni del creato, è lo spazio in cui è avvenuta l'educazione alla libertà ed è stata sancita l'alleanza. Nel deserto le differenze sociali sono annullate, il potere umano è svuotato. Nel deserto Dio ha formato il suo popolo, dove non si può, Egli ridà all'uomo la capacità di entrare in relazione, liberato dall'avidità, capace di libertà di comunione. Questa capacità è affidata alla voce umana su cui è scesa la Parola, bisogna tornare nel deserto per ascoltare la Parola di Dio nella voce di Giovanni. Il deserto, la Parola, la voce, ci preparano.

L'invito a raddrizzare i sentieri, a colmare le valli, ad appianare i passi tortuosi corrisponde all'appello di un cambiamento etico, che Giovanni mostrerà nel discorso successivo (Lc 3,7-14). Tale conversione è condizione necessaria per raggiungere la meta: "Allora si rivelerà la gloria del Signore e tutti gli uomini insieme la vedranno" (Is 40,5; Testo Masoretico); "Allora si rivelerà la gloria del Signore, e vedrà ogni uomo la salvezza di Dio" (Is 40,5; Testo dei LXX); "E ogni uomo vedrà la salvezza di Dio" (Luca). Al di là delle differenze dei tre testi ciò che non cambia e assume una certa importanza è l'aggettivo "Ogni", il filo rosso che collega la conversione alla visione: se ogni valle sarà riempita e ogni monte sarà abbassato, allora gli uomini tutti insieme vedranno la salvezza di Dio. Senza dimenticare che questo è possibile e fattibile come rivela Isaia 40,5 "Perché la bocca del Signore ha parlato".

III DOMENICA DI AVVENTO

GIOIA E CONVERSIONE PER GLI ASCOLTATORI DELLA PAROLA

Sof 3,14-17;

Sal Is 12,2-6

Fil 4,4-7;

Lc 3,10-18.

"Gaudete", gioite, è questo l'annuncio della terza domenica di avvento, una gioia che non solo viene annunciata, ma anche offerta nella partecipazione a quello che Dio costruisce per noi e soprattutto a quello che Dio è per noi, poiché la gioia è partecipazione alla vita stessa di Dio per mezzo del suo Figlio Gesù Cristo.

A tutti, prima o poi è capitato di vedere ridere dei bambini, guardandoli non sai e non potrai mai sapere il motivo della loro gioia, di solito non riesci a capire chi dei due ha iniziato a ridere e ha contagiato l'altro, l'unica cosa evidente che gioiscono nutrendosi della gioia che comunica l'altro. Con le dovute proporzioni è un po' questo che ci vuole partecipare la liturgia della Parola della III domenica di Avvento: Dio che si avvicina diventa causa della nostra gioia, l'uomo accogliendo quest'annuncio si prepara, permette al processo di partecipazione di continuare e dà la possibilità a Dio di portare a compimento il suo dono affinché la sua gioia sia in noi e la nostra gioia sia piena (Cfr. Gv 15,9-17).

La gioia è il tema unificante nel brano del profeta Sofonia: il testo può essere diviso in tre parti, nella prima c'è l'invito alla gioia, nella seconda parte il motivo e nell'ultima parte le conseguenze della gioia. Quello che colpisce è che nella lingua originale l'autore per parlare della gioia usa ben cinque termini diversi, questo ci fa capire la ricchezza del contenuto e nello stesso tempo le sfumature della comunicazione, della partecipazione e dell'espressione. All'inizio del brano al versetto 14, infatti, c'è l'invito a manifestare la gioia attraverso tre verbi che indicano: "Mandare grida di giubilo" il primo; "applaudire, prorompere in ovazioni", il secondo; "fare festa esteriormente" il terzo che, accostato a cuore, ci fa capire che la gioia esteriore deve manifestare quella interiore. I tre imperativi nello stesso tempo vogliono esprimere la medesima cosa, ma hanno bisogno l'uno dell'altro per farlo pienamente. Il versetto 15 definisce il motivo della gioia attraverso tre azioni che il Signore ha compiuto per il suo popolo: ha revocato la sua condanna, ha disperso il suo nemico, è in mezzo a loro e non vedranno più la sventura. La gioia puntuale procurata da un intervento divino acquista la sua pienezza divenendo permanente attraverso la presenza di Dio, non solo nel presente, ma anche nel futuro. L'espressione "Il Signore in mezzo a te" viene ripresa nella terza parte in cui le conseguenze delle azioni di Dio diventano uno stato permanente per il popolo, ed è questa la parte più bella della profezia, in cui il Dio potente si rivela nello stesso tempo un Dio "Gioioso". A livello formale il versetto 17b riprende il versetto 14 poiché ai tre imperativi rivolti al popolo, corrispondono tre futuri che hanno come soggetto Dio, nello stesso tempo c'è una corrispondenza con il versetto 15 perché le azioni di Dio hanno come oggetto il popolo. In questo caso sono azioni permanenti (carattere duraturo dell'azione), i due verbi che esprimono la gioia di Dio formano una piccola inclusione in cui al centro emerge l'azione che causa continuamente la gioia: "Ti forgerà con la sua gioia". Anche Dio gioirà per noi se ci lasciamo forgiare dal suo amore.

Con questa gioia negli occhi e nel cuore possiamo guardare la pericope evangelica, che come prima cosa chiede di essere contestualizzata. All'inizio del capitolo Luca ci aveva fatto vedere come nelle vicende umane irrompe la parola di Dio che costituisce il Battista come profeta per preparare la strada al Messia (3,1-6), nei successivi versetti (7-10) Giovanni inizia ad annunciare l'ira imminente di Dio e la conversione come unica strada per sfuggire a tale collera. Una conversione che secondo l'immagine del versetto 9 ha come contenuto e meta il "portare frutti".

Nella prima parte del brano mediante colloqui è descritta la conversione nella dimensione concreta, ci vogliono cammini reali perché il cambiamento possa rendersi concreto nella vita di ogni giorno. Alle folle Giovanni non propone nessun ideale di povertà ma il comandamento di amare il prossimo, perché nessuno in Israele si trovi nel bisogno (Dt 15,4), anche i pubblicani e i soldati vengono esortati, nessuno è escluso dal pentimento, Giovanni parla loro di un'etica della giusta acquisizione dei beni e del buon uso del denaro, condividere senza diventare povero e non esigere più di quanto è stato convenuto, formano una sorta di duplice comandamento. Per Luca la cupidigia è in realtà il peccato numero uno e l'obbedienza a questo duplice comandamento consente di sfuggire all'ira di Dio. Le parole di Giovanni fanno crescere nel popolo l'attesa e sorgere nel cuore la domanda riguardo al Messia. Il Battista nega il suo statuto messianico attraverso due indicazioni: la differenza di dignità e quella del battesimo. Giovanni presenta sé stesso come chi, secondo la consuetudine della casa antica, quando il padrone ritorna gli scioglie i lacci, egli è il servo di colui che è più forte (Cfr. Gen 32,18; Dn 9,4). La descrizione del Messia avviene attraverso categorie apocalittiche, il suo compito sarà di dividere il frumento dalla pula, la sua stessa persona sarà criterio di distinzione per riconoscere i frutti nella spiga. "Con queste e altre esortazioni annunciava al popolo la buona novella" (V. 18). Grazie a Giovanni il popolo ritrova il contatto con la parola di Dio che è buona perché annuncia il dono della gioia e perché richiede all'uomo la conversione.

IV DOMENICA DI AVVENTO

MARIA CONDIVIDE LA BENEDIZIONE

Mi 5,1-4;

Sal 79;

Eb 10,5-10;

Lc 1,39-45.

A volta ci accorgiamo dell'importanza di qualcosa quando viene a mancare, anche se non sempre attraverso l'assenza riusciamo a penetrare il suo contenuto e la sua funzione. Questo è valido non solo per le cose materiali ma anche per ciò che è elemento tipico della conoscenza e della relazione, quale può essere il semplice saluto. Quante volte ci giochiamo, dando alla sua forma e alla sua formulazione un significato particolare e alcune volte negandolo a qualcuno tentiamo di usare la sua funzione di messaggio per esprimere la vicinanza o la lontananza, l'affetto, l'attenzione o l'indifferenza. Un saluto che può essere formulato con le sole parole in modo diverso, così come sono diversi le persone e gli ambienti, che possono coinvolgere il corpo con la stretta di mano, il bacio sulle guance, che può esprimere affetto, augurio e perfino il desiderio di continuare, attraverso la presenza, tutto quello che siamo gli uni per gli altri. Il saluto che ha un significato sociale, antropologico e per noi cristiani un significato teologico. Sarebbe interessante andare a vedere come la Bibbia e il cristianesimo hanno utilizzato questa forma di comunicazione e di relazione nella simbologia, all'interno della sua storia e dei suoi riti, vedere come Dio si rivolge agli uomini e come l'uomo risponde a Dio e come lo saluta quando ne prende l'iniziativa, ma non abbiamo lo spazio testuale.

In piccolo ci può aiutare il brano evangelico della IV Domenica di Avvento dell'anno C che viene comunemente indicato con il titolo "La visita di Maria alla cugina Elisabetta". Come tutte le pericopi estratte per la liturgia anche questa va contestualizzata per comprenderne meglio il significato. La pericope è strettamente legata al brano precedente "dell'Annunciazione" e a quello seguente "Del Magnificat". Anche leggendo, velocemente, si può osservare che nella sua brevità il brano indica un'azione di Maria che richiede una spiegazione come la domanda di Elisabetta fa notare: "A che debbo che la madre del mio Signore venga a me?". È la domanda che si pone ogni persona quando riceve una visita, ma che si è posto anche il lettore quando ha appreso dal narratore l'urgenza di Maria di mettersi in cammino. Nella sua composizione il brano ha un'introduzione (v. 39); la descrizione di Maria nella casa della cugina (vv. 40-41); la reazione di Elisabetta (vv. 42-45); prima parte della risposta di Maria (vv. 46-48). La parte centrale costituisce il vertice del racconto sia per lo spazio che occupa il testo sia perché tutto è stato costruito per arrivare a questo momento e tutto quello che viene dopo, dipende da questo momento. Il momento in cui Maria entra e saluta la cugina. L'autore non specifica la forma di saluto né le parole usate, ma con arte fa notare che il saluto di Maria suscita reazioni particolari e che porta Elisabetta a qualificare la cugina come "Benedetta" e "Beata".

"Appena Elisabetta ebbe udito il saluto di Maria, il bambino sussultò nel suo grembo. Elisabetta fu colmata di Spirito Santo": che relazione c'è tra il saluto di Maria e lo stato di Elisabetta? Difficile rispondere, ma un pensiero collega la nostra mente al brano precedente, anche lì la visita dell'angelo Gabriele con il relativo saluto era legato al dono dello Spirito Santo. Forse non è così sbagliato pensare che il saluto di Maria sia legato al saluto dell'angelo e in qualche misura ne rappresenti l'estensione salvifica della presenza di Dio. Cioè quel "Piena di Grazia il Signore è con te" diventa espressione dell'essere di Maria che si manifesta nella sua presenza e nel suo saluto, quell'"Avvenga di me secondo la tua parola" si è realizzato e si sintetizza ora nel saluto che in questo caso comunica non solo le intenzioni ma l'essere stesso di Maria. Si capisce così la reazione di Elisabetta che attraverso lo Spirito Santo non solo comprende, ma riesce a esprimere. Comprende la trasformazione di Maria (Benedizione) causata dal "frutto che porta nel grembo" e dichiara che questa conoscenza è dovuta alla voce del saluto. Rivela, inoltre, la beatitudine di Maria come risultato della benedizione e della fede nell'adempimento della parola di Dio. Tra la benedizione e la beatitudine Elisabetta pone "la domanda" che in parte ha la risposta nelle stesse parole poiché la visita di Maria suscita in lei tale reazione, in parte viene completata dalle parole di Maria che con il canto del Magnificat loda e ringrazia Dio nella casa di Elisabetta. E quest'ultima parte che costituisce la risposta al lettore: Maria condivide la sua Benedizione e Beatitudine con ogni persona che lo accoglie nella propria casa e che sa riconoscerla come ha fatto Elisabetta, per questo "in fretta si mette in cammino".

ANNO C

TEMPO DI NATALE

NATALE DEL SIGNORE

CONTEMPLARE IL VOLTO DEI FIGLI NEL FIGLIO

Notte	Aurora	Giorno
Is 9,1-3.5-6;	Is 62,11-12;	Is 52,7-10;
Sal 95;	Sal 96;	Sal 97;
Tt 2,11-14;	Tt 3,4-7;	Eb 1,1-6;
Lc 2,1-14.	Lc 2,15-20.	Gv 1,1-18.

L'evento della nascita del Figlio di Dio per sua natura richiede all'uomo una risposta e un'accoglienza che va al di là dell'ambito celebrativo-emozionale, che molte volte sfocia in ambiti commerciali e tradizionali, questa piena rivelazione di Dio tocca l'ambito e le dimensioni più profonde dell'uomo stesso che sono quelle celebrative-relazionali, intendendo con questo la risposta dell'uomo che non si dissocia dalla celebrazione del mistero ma, anzi, da questo evento ne viene trasformato e può rispondere, come dice il comandamento dell'amore, con tutto il cuore, con tutta la forza, con tutta l'anima e con tutta la mente. Nel momento in cui una di queste dimensioni non viene toccata è come se l'uomo pretendesse di selezionare il mistero per farne un bene di consumo per soddisfare non il bisogno fondamentale della sua vita, ma la brama passeggera legata all'umore e alla moda del tempo. Da questa sottile deviazione nascono tante esperienze e iniziative che caratterizzano, come sempre, la fine di un anno che se ne va e l'inizio di un anno che viene, in cui anche chi non è credente viene coinvolto e che seguendo il linguaggio di oggi viene codificato con la sigla SDN (Spirito del Natale). Questo spirito del Natale è fatto da tante iniziative che possono andare da quelle più consumistiche come il cibo, i vestiti, i regali, per arrivare a quelle leggermente più "culturali-caritative" caratterizzate dai "buoni sentimenti", come le recite scolastiche, i concerti, le cene in famiglia, il pranzo di natale per i poveri, come se questi mangiassero solo a natale, per darci la possibilità, ancora una volta di prendere coscienza e far vedere quanto siamo buoni. Non solo davanti ai nostri occhi, ma ormai spesso anche sulla nostra bocca il ritornello è sempre lo stesso: "A Natale puoi", "Perché a Natale si deve essere più buoni".

Davanti a tutto questo irrompe ancora una volta la Parola che uscita dal seno del Padre viene come luce per illuminare il nostro cammino e diventare, così com'è stata posta nella mangiatoia, nutrimento, perché non di solo buoni sentimenti vive l'uomo ma di ogni parola che esce dalla bocca di Dio. Questa parola ci viene offerta come dono grande nella celebrazione eucaristica che in occasione del Natale "si fa in tre" e caratterizza la messa della notte, quella dell'aurora e quella del giorno, in questo modo dà a tutti i fedeli la possibilità di entrare nel mistero, di farlo in modo diverso, e disegna un cammino in cui l'uomo e Dio possono incontrarsi e finalmente camminare insieme. Come, infatti, scrive il profeta Isaia al popolo che camminava nelle tenebre fu mandata una grande luce: «E Dio disse: "Rifulga la luce dalle tenebre", rifulse nei nostri cuori, per far risplendere nei nostri cuori la conoscenza della gloria di Dio sul volto di Cristo» (2Cor 4,6). Così è apparsa la grazia di Dio, apportatrice di salvezza per tutti gli uomini che ci insegna a rinnegare l'empietà e i desideri mondani e a vivere con sobrietà, giustizia e pietà, in questo mondo. Egli ha dato sé stesso per noi per riscattarci da ogni iniquità e per formarsi un popolo che gli appartenga, zelante nelle opere buone.

E il verbo si è fatto carne ed è venuto ad abitare in mezzo a noi, e si presenta, per la prima volta, come un bambino avvolto in fasce e deposto in una mangiatoia. Quei buoni sentimenti che "lo spirito del Natale" vuole suscitare non sono frutto di un fare umano che in quindici giorni decide di essere più buono, ma dono esclusivo e gratuito del Signore nostro Gesù Cristo che da ricco che era si è fatto povero per noi, perché noi diventassimo ricchi per mezzo della sua povertà. Conoscete e accogliete, dunque la grazia di Cristo! Poiché, come ci ricorda Paolo nella lettera a Tito riportata dalla liturgia nella messa dell'aurora, "Quando si sono manifestati la bontà di Dio, salvatore nostro, e il suo amore per gli uomini, egli ci ha salvati non in virtù di opere di giustizia da noi compiute, ma per la sua misericordia. La gioia che gli angeli annunciano ai pastori, non nasce da un fare umano, come tante volte pensiamo e ci illudiamo, l'uomo al massimo può decidere come esprimere tale gioia, ma essa ha come fonte la nascita del Salvatore. Con il Natale di Cristo la gloria di Dio attraverso la gioia annunciata diventa pace per gli uomini che Egli ama e attende la risposta personale e libera di ogni "pastore" che è capace di dire: "Andiamo e vediamo questo avvenimento che il Signore ci ha fatto conoscere". E quando torneremo nelle nostre case allora, e solo allora, avrà senso stare con i nostri cari, per lodare con loro Dio per quello che abbiamo visto e udito. Perché il verbo si è fatto carne e a quelli che l'hanno accolto ha dato la possibilità di diventare figli di Dio e di vivere come fratelli.

FESTA DELLA SANTA FAMIGLIA

DA ORA SAPETE DOVE CERCARMI E DOVE TROVARMI: SONO VENUTO TRA VOI PER ESSERE NELLE COSE DEL PADRE.

1Sam 1,20-22.24-28;

Sal 83;

1Gv 3,1-2.21-24;

Lc 2,41-52.

"Il verbo si fece carne e si attendò fra noi, e contemplammo la sua gloria" (Gv 1,14). L'evangelista ci ha annunciato la bella notizia, non come mera conoscenza intellettuale, ma come realtà da sperimentare capace di trasformare la nostra vita. Il Verbo viene ad abitare in mezzo a noi e il luogo primario e privilegiato della sua dimora è la famiglia, lo spazio e il tempo teologico che Dio sceglie per plasmare e santificare l'umanità. Nella Madre il Verbo diventa carne, nella famiglia il Figlio chiama alla santità ogni uomo. Una famiglia che accoglie, ma che nello stesso tempo si lascia accogliere da Dio nella misura in cui si lascia stupire, interrogare e condurre dal Figlio che si manifesta come "essere nelle cose del Padre". La famiglia di Nazareth è beneficata da questa presenza, la vive nella semplicità secondo le tradizioni religiose di Israele e nello svolgimento di queste è capace di cogliere la novità che solo il dono di un figlio può dare.

È vero sì, che i genitori sono un dono per i figli, li desiderano, li chiedono, li accolgono, li fanno crescere e li aiutano a realizzare i loro sogni, ma è altrettanto vero che i figli sono un dono per i genitori poiché la maternità e la paternità "permettono" a Dio di completare l'atto creativo e redentivo realizzando il disegno che Dio ha per l'umanità. La santa Famiglia è per questo non solo l'esempio per tutte le famiglie ma anche lo spazio, dove la chiesa domestica può attingere la grazia per realizzare il progetto di Dio. La possibilità viene offerta dalla dinamica del dono, cioè del figlio come dono di Dio, nell'atto stesso del donare il figlio, i genitori realizzano la somiglianza con Dio. Anna, madre di Samuele, ne diventa un esempio quando trasformata dalla grazia richiesta, è capace di ridonare il figlio a Dio: "Perciò anch'io lo do in cambio al Signore".

Alla famiglia di Nazareth viene chiesto di lasciarsi plasmare dalla conoscenza del figlio Gesù. La pericope evangelica che ci propone la liturgia della parola è dominata dall'isotopia del sapere. In Luca il tema non è antinomia tra sapere e ignoranza, ma tra conoscenza e conoscenza superiore, un sapere illuminato dalla rivelazione diventa sapienza. Il brano è quasi totalmente narrativo, nel senso che la parte discorsiva, nel concreto la domanda e la risposta tra Maria e Gesù, occupa uno spazio piccolissimo. Qui è all'opera l'arte narrativa di Luca che conduce il lettore attraverso il racconto per farlo giungere e fermare davanti al dialogo, in questo caso veicolo del messaggio teologico. L'occasione è il pellegrinaggio in cui i genitori portano Gesù a Gerusalemme per la festa di Pasqua, mentre riprendono la via del ritorno, il ragazzo rimane nella città santa. I genitori a questo punto sono caratterizzati attraverso dei verbi, quelli di movimento funzionali alla progressione del racconto e quelli legati all'espressione dell'isotopia, cercare, trovare, conoscere, supporre, sapere, sono questi che ritorneranno nel dialogo, nella domanda di Maria ricorre il verbo cercare: "Tuo padre ed io ti cercavamo", nella risposta di Gesù è presente il verbo connesso al campo della conoscenza: "Non sapevate che nelle cose del Padre mio è necessario sia io". Quando i genitori perdono di vista il figlio, lo cercano tra i conoscenti, lo trovano, invece, nel tempio (Casa di Dio). Il dialogo rivela che quello che Gesù ha fatto è letto in modo diverso, il criterio di giudizio è legato al modo di considerare le cose. Il verbo che muove la ricerca è "non conoscere" (v. 43), cioè una mancanza di capacità che viene dall'esperienza umana, quello che la conclude è l'invito di Gesù a "sapere" (V. 49), che viene da una conoscenza visiva che rende capace: da una parte il verbo è legato a ciò che i genitori hanno visto nella vita di Gesù, dall'altra parte fa riferimento a quello che stanno vedendo e che è raccontato. "Tutti erano meravigliati della sua intelligenza". Il termine greco *sunesis* indica la facoltà intellettuale di cogliere i rapporti tra le cose e trarre le conclusioni, la giustezza di vedute nutrita dalla fede: la sapienza.

Il lettore insieme ai genitori deve capire che la presenza di Gesù fra gli uomini richiede una conoscenza superiore. Da quello che avete visto ora, sapete, dove cercarmi e dove trovarmi, sono venuto tra voi per essere nelle cose del Padre. Gesù conferisce un valore simbolico al suo comportamento, la presenza inattesa nel luogo santo diventa la parabola di tutta l'opera del Messia. La risposta del Figlio alla madre che spiega il suo comportamento si fonda su una "necessità", questo significa che la relazione tra il Padre e il Figlio s'iscrive nella storia della salvezza. L'affetto di Gesù per il Padre risponde al disegno del Padre nei suoi confronti, questa reciprocità si manifesta nell'economia della salvezza e va vista come relazione di amore e conoscenza. "Ma essi non compresero" cioè in quel momento non riescono a mettere in moto il processo conoscitivo, Maria, però, conserva con cura tutte le parole.

MARIA SS. MADRE DI DIO

MARIA MADRE DI DIO E MADRE NOSTRA

Num 6,22-27;

Sal 66;

Gal 4,4-7;

Lc 2,16-21

In questo giorno particolare tre sono i riferimenti che ci offre la liturgia della parola, il tema della pace, la figura della Beata Vergine Maria e il dono della benedizione.

È la prima lettura che ci introduce dentro il percorso relazionale della benedizione, nel breve brano tratto dal libro dei Numeri la formula che Mosè deve rivolgere agli Israeliti pone la benedizione come un gesto che parte da Dio, infatti dopo il termine "benedizione" citato direttamente ci sono i due corrispettivi: "Il Signore faccia brillare il suo volto su di te"; "Il Signore rivolga il suo volto su di te". L'effetto di questo movimento di Dio sono i doni concessi al popolo: la protezione, la grazia e la pace. Ma quello che definisce questa possibilità è la frase finale: "Così porranno il mio nome sugli Israeliti e io li benedirò", cioè solo se il mio nome sarà continuamente su di loro io posso benedirli, questa frase è nello stesso tempo una certezza e una promessa. Il tema della benedizione viene ripreso dal salmo, questo canto di ringraziamento, usato da Israele al tempo della mietitura, si riferisce alla benedizione come atto di ringraziamento per la presenza di Dio in mezzo al popolo, un Dio che mostra la sua via e opera la salvezza, questa presenza si stacca da ogni altra presenza ed è portatrice di gioia poiché solo Dio può giudicare i popoli con giustizia.

La figura centrale di questa giornata insieme a Cristo è quella di Maria, Madre di Dio. Negli scritti del Nuovo Testamento è Paolo il primo a creare il legame tra Gesù, Maria e la storia: "Quando venne la pienezza del tempo, Dio mandò suo Figlio, nato da donna, nato sotto la legge, per riscattare coloro che erano sotto la legge, perché ricevessimo l'adozione a figli". In questo breve riferimento viene affermata la divina maternità di Maria nella storia e nello stesso tempo viene definita la maternità di Maria nei confronti dei cristiani. Poiché, infatti, attraverso Gesù noi siamo riscattati e diventiamo, in unione con lui, figli, per questo particolare legame Maria diventa "Madre nostra". Di Maria ci ha parlato il vangelo di Luca in preparazione al Natale e nella stessa nascita di Gesù, l'ha indicata come donna in attesa, donna in dialogo, donna in missione, oggi l'evangelista la presenta come "orante": "Maria da parte sua custodiva tutti gli eventi, mettendoli insieme nel suo cuore". I verbi per delineare l'atteggiamento di Maria davanti alla manifestazione progressiva del mistero sono due: *suntereo* e *sumballo*, il primo indica un conservare con cura, custodire, il secondo completa il primo definendo meglio cosa significa conservare con cura, custodire significa mettere insieme gli eventi per far venire fuori il significato più profondo, il significato "simbolico".

La rivelazione del mistero che Maria comprende è un cammino di pace, poiché è un percorso di pace il luogo dove Dio entra e realizza le sue promesse in Cristo Gesù.

La pace, infatti, non è una categoria, o peggio ancora un'idea umana, che si può realizzare attraverso veti o compromessi, ma la persona stessa di Gesù, che venendo nel mondo ha permesso all'uomo di accedere alla stessa comunione con Dio. È l'espressione messa sulla bocca degli angeli che definisce per noi questo dono, subito dopo aver indicato il segno di riconoscimento del bambino, le creature celesti innalzano una lode che definisce Gesù e la sua missione: "Gloria a Dio nelle altezze, e pace negli uomini di benevolenza". Interessante quest'ultima espressione che letteralmente potrebbe essere tradotta così: "negli uomini benevolenti", l'apposizione che qualifica gli uomini è il sostantivo dello stesso verbo usato da Luca e dagli altri evangelisti per manifestare Gesù nel Battesimo (*eudokías*). Luca ci sta ricordando che la pace è un dono che viene da Dio, viene dato a tutti gli uomini in cui Dio si compiace, nel Battesimo Dio si compiace nell'uomo Gesù Cristo, per questo l'incarnazione del Figlio permette a Dio di compiacersi nell'umanità. "Egli infatti è la nostra pace, lui che di due popoli fece una sola unità abbattendo il muro divisorio, annullando nella sua carne l'inimicizia" (Ef 2,14).

II DOMENICA DOPO NATALE

L'INCARNAZIONE, INIZIO DI UNA NOVITÀ

Sir 24,1-4.8-12;

Sal 147;

Ef 1,3-6.15;

Gv 1,1-18.

Alcuni anni fa mi trovavo in un negozio, stavo aspettando il mio turno per essere servito e ho assistito a una scena. Una signora aveva scelto degli oggetti per fare dei regali, aveva consegnato alla commessa uno degli oggetti per fare una confezione regalo; quando la commessa prese la carta e stava per iniziare, la signora chiese se potesse mettere il dono dentro una scatola che era lì accanto; la commessa si rivolse alla signora facendo notare che il prezzo della scatola era di molto superiore al regalo. In questi giorni in cui l'anno liturgico ci regala il "Tempo di Natale" quella scena mi ha fatto tanto riflettere: mi sembra che come cristiani molte volte cadiamo nello stesso errore, pensiamo che la scatola che contiene il regalo possa coprire tutto, stiamo ancora una volta facendo passare il dono della nascita di Gesù, preoccupati di tutto ciò che durante gli anni come società abbiamo fatto passare da espressione, personale e comunitaria di un mistero, come dono stesso, come se il Natale fosse l'albero, i regali, il cibo tradizionale o il concerto eseguito in modo impeccabile, che creano quel clima per così dire "Natalizio".

Per fortuna nella dinamica del tempo liturgico c'è la seconda domenica dopo Natale che sembra sia stata messa lì per dare "fastidio" agli stessi sacerdoti che nello spazio di circa dieci giorni si trovano a commentare il prologo di Giovanni. Ma è proprio questo splendido fastidio che ci aiuta a ritrovare e prolungare il senso del dono del Figlio di Dio, permettendoci di distinguere il dono dalle normali espressioni che il nostro cuore o le nostre tradizioni ci chiedono di manifestare magari in un semplice "auguri". Quest'annuncio teologico richiama quelli più semplici e immediati di Isaia e Luca: "Come sono belli sui monti i piedi del messaggero che annuncia la pace, del messaggero di buone notizie che annuncia la salvezza" (Is 52,7); "Non temete: ecco, vi annuncio una grande gioia, che sarà di tutto il popolo: oggi nella città di Davide, è nato per voi un Salvatore, che è Cristo Signore" (Lc 2,10-11). Questi nella loro brevità e linearità, costituiscono per "l'uomo che ha atteso e che attende" l'inizio di una novità e di una possibilità, Dio volge verso il bene il corso della vita. Il Prologo del Vangelo secondo Giovanni esplicita la bella notizia facendoci entrare e sperimentare nell'atto stesso dell'annuncio la bontà e la bellezza che vengono da Dio e che raggiungono l'umanità. L'evangelista ci chiede di contemplare il bambino deposto nella mangiatoia, che nella debolezza e povertà della sua presenza umana comunica tutto il suo essere e la sua storia divina. In principio era il Verbo, la persona che dà senso a ogni cosa, e il Verbo era presso Dio, e il verbo era Dio. In questa prima parte l'evangelista si concentra non solo sull'inizio, ma sull'essere come dimora, "Presso Dio", e dell'essere in relazione con, "Era Dio", l'"Essere" che potrebbe sembrare così distante porta, invece, dentro di sé qualcosa che lo avvicina a noi: la vita e la luce, "In lui era la vita e la vita era la luce degli uomini". Il Verbo ha in sé ciò che è essenziale per l'uomo.

"E il verbo si fece carne e venne ad abitare in mezzo a noi", ecco cosa ci dice quel bambino nella mangiatoia, che il Verbo "lascia" la dimora del Padre, (S. Alfonso fa cantare a tutti: "Tu lasci il bel gioir del divin seno") per dimorare nella carne, per abitare in mezzo a noi, perché la vita e la luce divina dimorando nella carne ora possono essere talmente vicini da essere visibili; "E noi vedemmo la sua gloria, gloria come di unigenito del Padre, pieno di grazia e di verità". È diventato talmente vicino che la vita e la luce possono essere ricevute in pienezza così come appartengono a Lui e come Lui attraverso l'incarnazione li vuole donare: "Dalla sua pienezza noi tutti abbiamo ricevuto grazia su grazia". Si comprendono, cioè si prendono dentro di sé, allora gli annunci di bellezza e di gioia di Isaia e di Luca, la gioia e la bellezza del Padre non vengono, dunque, lasciati, ma portati, condivisi e nella visione del bambino chiedono di non lasciare spazio alla tristezza nel giorno in cui nasce la vita, una vita che distrugge la paura della morte e dona la gioia delle promesse eterne (S. Leone Magno). Perché quel bambino porta con sé la stessa eternità di Dio. E se mai ci venisse in mente di chiederci perché l'ha fatto, allora avremmo solo una risposta: per amore!

EPIFANIA DEL SIGNORE

LA META E LA SOGLIA

Is 60,1-6;

Sal 71;

Ef 3,2-3.5-6;

Mt 2,1-12.

Quale gioia e quale speranza può dare la nascita di un bambino? In ogni vita nascente c'è una potenzialità e una possibilità che a nessuno è dato conoscere. Nessuno può sapere quello che sarà, nemmeno quello che riuscirà a fare il bambino per il bene futuro dell'intera umanità. Questo tipo di sentimento è presente certamente nei genitori e nei parenti del neonato, ma si può tranquillamente allargare a quelli che gli stanno vicino, e addirittura raggiungere l'intera società. Ci si può chiedere a questo punto che tipo di relazione si pone, invece, per quelli, che sono nati prima di questo lieto evento, per quelli che stanno per concludere la loro vita terrena, per coloro che le potenzialità e le possibilità del bambino sembrano non toccarle né direttamente né indirettamente. La liturgia della parola della solennità dell'Epifania del Signore crea in qualche modo lo spazio per iniziare a rispondere a questa domanda. Ci dobbiamo mettere nella stessa situazione dei Santi Magi, essi cercano la verità, una verità che è strettamente legata alla loro vita, alla loro felicità. Da quello che possiamo percepire dalle notizie storiche questi personaggi cercavano attraverso le scienze e le conoscenze la verità non per semplice curiosità fine a sé stessa, ma perché pensavano che questa in qualche modo rendesse felici non solo loro ma tutta l'umanità. Era talmente forte per loro questo desiderio e questa ricerca che nel momento in cui hanno il primo segno si mettono in cammino, diventano pellegrini, non hanno paura di mettersi in discussione, di verificare il loro sapere e il loro potere, quello che conta è avere la certezza che quello che da tanto tempo stanno cercando si può trovare. Non hanno paura di affrontare le difficoltà, ma hanno soprattutto il coraggio, l'intelligenza e l'umiltà di chiedere quando e dove le loro capacità toccano il limite. Il coraggio di comprendere che la verità può arrivare da un'altra via, e di iniziare a percorrerla. Stanno cercando il re dei Giudei, un bambino, ma non conoscono il luogo. Dove? È la domanda che ancora oggi ci poniamo, dov'è colui di cui abbiamo sentito parlare, colui che abbiamo iniziato a cercare senza sapere chi è? Questa domanda è sempre stata e sarà sempre nel cuore di ogni singolo uomo, ma non basta trovare la risposta a questa domanda, possiamo conoscere la strada che ci conduce ad esso, ma nello stesso tempo dobbiamo prendere coscienza che c'è qualcuno che come noi lo sta cercando, ma non lo cerca per adorarlo, ma per eliminarlo,

Ancora oggi, come più di duemila anni fa Erode, c'è qualcuno che ha molta paura di quello che il bambino può togliere, teme che il bambino, nella sua esistenza e nella sua impotenza possa togliergli il potere, la regalità, ha paura che Dio possa diventare il re e il Signore della sua vita. La sua paura diventa un grande pericolo per gli altri, eliminare il bambino per mantenere la propria autonomia e il proprio potere significa privare l'atro di questa necessaria presenza. Non è sempre facile capire chi vuole eliminare il bambino dalla nostra vita, anche perché costoro sanno nascondere molto bene le loro reali intenzioni: "Quando l'avrete trovato, fatemelo sapere, perché anch'io venga ad adorarlo", la storia stessa ci ha rivelato che l'ostacolo assume facce e forme diverse, ma fin dall'inizio abbiamo una certezza: non bastano le cattive intenzioni di coloro che temono Dio per fermare il nostro desiderio e la nostra ricerca di felicità, ma soprattutto le cattive intenzioni non possano fermare la volontà di Dio di donarci continuamente suo Figlio Gesù Cristo. Bisogna seguire l'esempio dei Magi, che ricevute le notizie che cercavano riprendono il loro cammino, in quel momento, la stella, come se avesse aspettato il loro segnale, inizia a precederli. Come se l'astro per diventare guida precisa ed efficace avesse avuto il bisogno di essere liberata dalla cattiveria di Erode e rafforzata dalla tenacia dei Magi. Quando l'uomo cerca Dio con cuore sincero Egli sa come farsi trovare.

C'è una gioia grande quando finalmente si trova ciò che si cerca, quando il cammino ci porta alla meta: "Al vedere la stella essi provarono una grandissima gioia". Ma c' è una gioia più grande che è stata riservata per noi fin dall'origine del mondo e che possiamo ricevere se abbiamo il coraggio di entrare nella casa. A volte l'ostacolo più grande è proprio questo, arrivare alla soglia dopo aver superato tante difficoltà, e non avere il coraggio di entrare, di prenderci quella "libertà" che Dio rispetta attraverso l'attesa. Edith Stein diceva che davanti alla libertà dell'uomo Dio fa un passo indietro, è proprio vero, ma oggi insieme alla Parola che è altrettanto bello dire: "Davanti alla libertà dell'uomo Dio attende", Dio attende l'umanità nel Figlio che si è fatto uomo-bambino, bisogna trovare il coraggio per entrare e adorare, offrire oro incenso e mirra, solo dopo aver fatto questo i Magi per un'altra strada tornano a casa loro.

BATTESIMO DEL SIGNORE

IL BATTESIMO DI GESÙ E LA SUA IDENTITÀ MESSIANICA

Is 40,1-5.9-11;

Sal 103;

Tt 2,11-14;

Lc 3,15-16.21-22.

"Consolate, consolate il mio popolo, dice il vostro Dio", l'invocazione, l'esortazione che Dio fa viene ascoltata e desiderata, ma rimane sospesa, non per mancanza di volontà ma per incapacità, poiché questo compito rivolto all'uomo richiede una forza divina. Rimane sospesa fino a quando Gesù si mette in fila tra la folla per ricevere il battesimo di Giovanni. Quello che Giovanni Battista ha preparato nel deserto ha reso possibile la rivelazione che sta per avvenire, "Allora si rivelerà la gloria del Signore e ogni uomo la vedrà", "Ecco il vostro Dio! Ecco il Signore che viene con potenza, con il suo braccio egli detiene il dominio. Ecco egli ha con sé il premio e i suoi trofei lo precedono", egli ha con sé il nostro battesimo e la nostra salvezza. Quello che Isaia ha annunciato e Dio ha promesso, ora viene realizzato e donato da Gesù, raccontato nel vangelo di Luca e spiegato a noi da Paolo nella lettera a Tito.

Il testo evangelico che ci propone la liturgia è composito: nella prima parte il narratore racconta la distinzione che il Battista fa tra il suo battesimo e quello di Gesù, nella seconda parte viene raccontata la manifestazione di Gesù dopo il battesimo. L'affermazione di Giovanni è una risposta all'attesa messianica del popolo, per dare una corretta risposta, il Battista distingue tra i due battesimi, per fare questo ritiene necessario fare la distinzione tra le due persone, poiché il battesimo è legato strettamente all'identità dei due personaggi. La differenza avviene attraverso le categorie della forza e della dignità, il battesimo di Gesù in Spirito Santo e fuoco dipende dalle qualità di forza e di dignità che sono riferite e Gesù, cioè l'azione di Gesù espressa dal suo battesimo dipende dalla sua identità. La dichiarazione di Giovanni necessità di una dimostrazione concreta per il lettore che l'evangelista racconta in modo sobrio, inquadrando l'avvenimento in un clima di preghiera. Quasi a voler prendere le distanze e nello stesso tempo legandolo al battesimo di Giovanni, Luca narra che Gesù ha ricevuto il battesimo, rispetto al vangelo di Marco evita di specificare che è Giovanni a battezzare Gesù, e colloca una manifestazione audio-visiva dopo l'immersione. La visione diventa cruciale non solo per il suo contenuto, ma anche per dare autorità alle parole che vengono dalla voce del cielo. Non è il Battista che dà autorità a Gesù, lui è il precursore e il testimone che ne attesta l'identità, è la manifestazione audio-visiva che informa il popolo e il lettore della figliolanza divina di Gesù e del compiacimento di Dio nei suoi riguardi. La frase "Tu sei il mio figlio, l'amato, in te mi sono compiaciuto" ricorda l'episodio di Isacco (Gen 22,2.12.16), Isaia 42,1 e il Salmo 2 interpretato dalla teologia messianica, del resto la rivelazione della figliolanza nell'atto del battesimo conferma quanto ha detto l'angelo Gabriele (Lc 1,32.35). Gesù non è soltanto "un figlio", titolo attribuito frequentemente nell'Antico Testamento, ma colui che ha una relazione unica, stretta e profonda con Dio, resa nota dalla voce celeste.

Il battesimo diventa l'occasione nella quale Gesù viene confermato dal Padre nella sua identità messianica e quindi pronto a iniziare la sua vita pubblica. Nella scena non è impegnato soltanto Gesù, ma il Padre che lo riconosce Figlio e lo Spirito che scende su di lui. La missione pubblica viene resa nota al popolo e al lettore. La scena si collega strettamente all'esortazione di consolazione riportata da Isaia, e in forza di questo rapporto privilegiato con il Padre e della condivisione della sorte del popolo peccatore che Gesù è l'unico che può realizzare l'invito di Dio. La novità non è il suo rapporto con il Padre e neppure la sorte condivisa con il popolo, ma le due cose messe insieme in Gesù che diventano azione salvifica. Egli realizza l'invocazione riportata da Isaia: "Se tu squarciassi i cieli e scendessi" (Is 63,19), nell'obbedienza di Gesù il cielo si è aperto sulla terra, la sua vita terrena, contenuta tra il battesimo e l'ascensione, è lo sguardo di Dio sul mondo che realizza un'altra invocazione: "Fa splendere il tuo volto e noi saremo salvi" (Sal 79). In questi pochi versetti l'evangelista racconta la manifestazione di Gesù per farci comprendere che significa Spirito santo e fuoco, che Paolo nella lettera a Tito rende comprensibile con queste parole: "Quando si sono manifestati la bontà di Dio, salvatore nostro, e il suo amore per gli uomini egli ci ha salvati per la sua misericordia mediante un lavacro di rigenerazione e di rinnovamento nello Spirito santo, effuso da lui su di noi abbondantemente per mezzo di Gesù Cristo, salvatore nostro, perché giustificati dalla sua grazia diventassimo eredi, secondo la speranza, della vita eterna".

ANNO C

TEMPO DI QUARESIMA

I DOMENICA DI QUARESIMA

SATANA FALLISCE E DIO VINCE

Dt 26,4-10;

Sal 90;

Rm 10,8-13;

Lc 4,1-13.

Quaresima, tempo di grazia, di salvezza e di penitenza, tempo nel quale non entriamo come degli eroi solitari, per vincere la battaglia dell'ascetismo e della mortificazione a forza di rinunce e di privazioni, tempo nel quale è entrato Gesù che ci chiede di entrare con lui, poiché prima di essere, il nostro *kairos* è il suo *kairos*, tempo in cui ci conduce alla Pasqua passando per la fatica del cammino verso Gerusalemme, che attraversa la passione e la morte. Tempo in cui il deserto è lo spazio di partenza, in cui la volontà, di iniziare il cammino è messa in discussione da colui che teme la realizzazione di questo percorso e tenta in tutti i modi di bloccare sul nascere la nostra libertà. Più l'uomo accoglie il disegno di Dio in Gesù Cristo più il maligno si sente in pericolo e si ribella cercando di recuperare terreno, sfruttando il suo unico potere: la capacità di insidiare attraverso l'inganno. Gesù stesso sperimenta questi attacchi, li vive come noi, per noi e con noi, ma soprattutto li vince perché noi possiamo vincerli in lui e con lui.

La prima lettura, dal libro del Deuteronomio, indirettamente ci introduce a questo episodio iniziale della vita di Gesù. Le parole del Testamento di Mosè, infatti, vogliono ricordare all'Israelita la relazione che c'è tra Dio e l'uomo, un legame che si rende possibile attraverso il dono della terra. Nel concreto del libro del Deuteronomio per Israele è la terra che Dio ha promesso. Portare la cesta con le primizie, consegnarla al sacerdote, infatti, era il gesto di rendimento di grazie che permetteva di fare memoria che la terra e i suoi prodotti sono dono di Dio che l'ha consegnata all'umanità affinché la riempia e la soggioghi (Cfr. Gen 1,28). Deporre la cesta e prostrarsi davanti a Dio significa riconoscere che la terra appartiene a Dio che continuamente conferma il suo dono nella storia e che può toglierla a chi non si dimostra degno e consegnarla a chi è stato umiliato e maltrattato. Perché Dio dovrebbe togliere la terra all'uomo? Forse perché l'uomo non ha voluto soggiogare la terra, ma ha permesso al maligno di occupare il suo posto e usare la terra non come strumento per la vita dell'uomo, ma per la morte?

Mi sembra che questa sia l'indicazione che ci dà il brano evangelico, come per Israele il dono della terra viene preparato dall'esperienza del deserto, (in questo luogo Dio educa ad apprezzare ogni cosa come suo dono), così Gesù, rappresentante della nuova umanità, viene condotto nel deserto perché attraverso la sua debolezza umana, la fame, la povertà e la tentazione, possa sperimentare la potenza di Dio e della sua parola. Nelle tre tentazioni, infatti, il diavolo rispetta la sua natura di spirito (impuro) e agisce attraverso la parola, non ha altro se non quello, attraverso la parola "attraente" e ingannevole spinge l'uomo ad agire. In un primo momento sembra che il maligno si concentri sull'identità divina di Gesù, nella prima e nella terza tentazione lo sfida esplicitamente: "Se tu sei il Figlio di Dio", in realtà ciò che lo infastidisce, anzi lo terrorizza, non è solo la sua identità divina, ma trovarselo davanti come uomo. Ciò che satana non può sopportare è che il Figlio di Dio si sia incarnato. Nel corso della vita terrena di Gesù, lo riconoscerà più volte nella sua divinità (Cfr. Mc 1,25; 5,7) e si sentirà attaccato e in pericolo (Cfr. Mt 8,29). Il diavolo sa che Gesù è il Figlio di Dio ed è capace di riconoscerlo, ma non sopporta che il suo dominio sulla terra sia messo in pericolo dalla presenza di Gesù. Sa che nel momento in cui il "Regno di Dio si avvicina" per l'uomo è possibile essere liberato dalla sua schiavitù e condividere la signoria di Dio in Cristo. Il maligno sa che Gesù è il Figlio di Dio ma non vuole "credere" che sia diventato uomo. È diventato uomo per fare la volontà di Dio, lontano dal pensare che l'uomo viva di solo pane, trascurando la parte spirituale e la Parola di Dio. In Cristo l'uomo diventa capace di sfuggire all'idolatria del possedere e del potere, all'adorazione di ciò che non è Dio, e di fidarsi di Dio senza metterlo alla prova.

Ed è qui che satana fallisce e Dio vince: nella possibilità di essere uomini facendo la volontà di Dio, che si manifesta nella Parola fissata dalla scrittura. Gesù, infatti, non risponde alle tentazioni con miracoli o prodigi, ma con la Parola di Dio rivelata agli uomini, l'unica cosa che "Tocca" lo spirito impuro, una parola che libera l'uomo dal maligno, lo costituisce e lo conduce alla pienezza della condivisione della regalità di Dio.

II DOMENICA DI QUARESIMA

L'UOMO DESIDERA VEDERE IL VOLTO DI DIO

Gn 15,5-12.17-18;

Sal 26;

Fil 3,17-4,1;

Lc 9,28b-36.

"Nel mezzo del cammin di nostra vita mi ritrovai per una selva oscura, che la diritta via era smarrita", inizia così la Divina Commedia, dove Dante prende coscienza della sua paura e della sua ricerca di qualcuno che lo aiuti a riprendere il cammino indicandogli la strada giusta. È la sensazione dell'uomo nel difficile cammino della vita, già testimoniata all'interno della storia della salvezza: Abramo, Mosè, il Salmista (Cfr. Sal 27) e i discepoli. Nell'andare verso sé stesso e verso il luogo che Dio gli ha indicato il patriarca, affronta le contrarietà e, nonostante le rassicurazioni di Dio riguardo alle promesse, sente il bisogno di chiedere al Signore: "Signore mio Dio, come potrò sapere che ne avrò possesso?". Questa richiesta non tradisce la mancanza di fede, anzi, rivela il sentimento dell'uomo che prende coscienza che questo tipo di conferma non può trovarla dentro di sé e sente la necessità di chiedere un "segno" al suo Compagno di viaggio.

In una situazione simile si trovano i discepoli mentre stanno seguendo il Maestro: le cose si sono complicate, l'annuncio della passione ha portato paura e confusione, tanto da non avere più il coraggio di fare domande. Il bisogno che diventa richiesta silente viene colto da Gesù che prende con sé i tre discepoli e sale sul monte a pregare. Ed è proprio in questo luogo che accade qualcosa che funge da risposta alla ricerca. Con questo brano il percorso quaresimale sazia la fame dell'uomo di oggi che facendo sue le parole del salmo chiede a Dio di non nascondere il suo volto, perché più che mai l'uomo desidera vedere il volto della misericordia di Dio. Il brano della Trasfigurazione è riportato da tutti i vangeli sinottici, sostanzialmente il contenuto narrativo è lo stesso, ma le sfumature ci permettono di cogliere riferimenti diversi dell'Antico Testamento, e attraverso il loro significato teologico entrare nella pienezza della verità. Rispetto a Marco e Matteo, Luca non solo evita di parlare di "Trasfigurazione", ma nel suo raccontare la manifestazione si concentra su tre termini: **volto**, **esodo** e **gloria**. In questo modo chiede al suo lettore di ritornare ad alcuni passi dell'Antico Testamento per acquisire delle informazioni che diventano necessarie per la comprensione dell'avvenimento. Il riferimento generale è il libro dell'Esodo e il cammino del popolo d'Israele nel deserto, in modo più specifico l'attenzione è posta sul capitolo 34 dello stesso libro e sul salmo 27. In questi spazi testuali, infatti, ritroviamo non solo i tre temi già citati, ma anche quelli della tenda e del monte.

Il peccato del vitello d'oro aveva interrotto il cammino; l'intercessione di Mosè ha evitato la distruzione del popolo e Dio ha chiesto al suo servo di far salire il popolo nella terra promessa.

A questa richiesta Mosè prova un senso di smarrimento, si sente perso, e chiede a Dio un "Compagno di viaggio" e l'indicazione della via. Il Signore accoglie la richiesta e assicura: "Il mio volto camminerà con voi". Mosè ha bisogno di essere rassicurato nella sua missione, essere garantito davanti al popolo e davanti alle nazioni: "Come si saprà dunque che ho trovato grazia ai tuoi occhi, io e il tuo popolo, se non per il fatto che tu cammini con noi?". E aggiunge: "Mostrami la tua gloria". Dio risponde: "Farò passare davanti a te tutta la mia bontà e proclamerò il mio nome, Signore, davanti a te. A chi vorrò fare grazia, farò grazia, di chi vorrò avere misericordia, avrò misericordia. Ma tu non potrai vedere il mio volto, perché nessuno può vedermi e restare vivo". Mosè taglia le tavole di pietra e si prepara all'incontro: "Allora il Signore scese nella nube, passò davanti a lui proclamando: Il Signore, il Signore Dio misericordioso e pietoso lento all'ira e ricco di amore e fedeltà". Dopo questo, Dio dà a Mosè e al popolo le "Parole dell'alleanza" come garanzia per la loro affidabilità, come segno della sua presenza in mezzo al popolo, come testimonianza per le nazioni.

Luca ci narra la rivelazione del volto misericordioso di Dio in Gesù Cristo; se Mosè aveva potuto cogliere la gloria di Dio solo attraverso il dono della legge e tenerla come testimonianza, per Pietro e gli altri due discepoli, in Cristo è stata tolta la barriera, e nel volto che cambia d'aspetto, vedono la sua gloria, cioè la sua identità. In un primo momento Pietro non comprende la manifestazione e tenta di racchiudere in una tenda umana la gloria di Dio. La nube che li copre è un'eco della parola che Dio dice a Davide: "Il Signore ti annuncia che farà a te una casa" (2Sam 7,11), e le parole che pronuncia la voce confermano e sintetizzano la rivelazione a Mosè e la promessa a Davide: "Questo è il mio Figlio, l'eletto, ascoltatelo!". Diventano Parola definitiva di Dio che sostituisce la legge, garantisce la testimonianza, l'eletto di Dio da cui nasce il nuovo popolo, la via e il compagno che ci conduce alla vita eterna attraverso la sua morte e risurrezione. La misericordia che Dio aveva proclamato davanti a Mosè è diventata realtà concreta in Gesù Cristo. In lui in modo esclusivo, "Appena la voce cessò, Gesù restò solo", possiamo cogliere l'identità del Padre, perché solo nella Paternità si rivela la misericordia.

III DOMENICA DI QUARESIMA

LA CONVERSIONE È DONO DI DIO

Es 3,1-8a.13-15;

Sal 102;

1Cor 10,1-6.10-12;

Lc 13,1-9.

"Il cristiano deve imparare a leggere il vangelo tenendo sull'altra mano il giornale", non ricordo dove ho sentito per la prima volta questa frase, non saprei dire chi l'ha citata e neppure chi ne è l'autore: so che l'ho ascoltata tante volte e in situazioni diverse. Come dice qualcuno, il testo, in questo caso le "massime", una volta scritto si affranca dallo scrittore e inizia a camminare da solo. Che cosa voleva intendere chi l'ha pensata e pronunciata la prima volta? Sicuramente porta con sé uno stimolo che apre una strada da percorrere e nello stesso tempo lascia lo spazio a qualche incomprensione. Come un ritornello di una canzone questa massima mi è tornata in mente in quest'ultimo periodo e ha suscitato in me alcune riflessioni: in modo deciso mi ha chiesto non di illuminare ma di essere illuminata, di essere ben capita dal brano evangelico della terza domenica di Quaresima dell'anno C.

I giornali, i media in generale, ci informano di tante persone che muoiono, vittime di guerra o di altri atti violenti da parte di gruppi o di singoli, vittime innocenti che la società non ha potuto e saputo difendere. La morte è una realtà che fa parte della stessa vita, ma che in molti casi rimane emarginata in alcuni luoghi e in alcuni tempi, perché il solo pensiero ci mette in difficoltà. Quando si avvicina e vuole entrare nelle nostre case, nelle nostre famiglie, siamo costretti a farne esperienza, cerchiamo di arginarla attraverso l'emotività del momento, ricercando ricordi benevoli del defunto e legandola a un destino incontrollabile, pensando che tutto questo possa costituire in noi una parvenza di eternità. Ci siamo talmente abituati a questo tipo di atteggiamento che ormai abbiamo paura di guardare in faccia la realtà e di chiederci che cos'è questo mistero? Da dove viene? E cosa possiamo fare? Da cristiani pensiamo e viviamo come se l'incarnazione, la morte e la risurrezione non siano mai avvenute. E invece ci sono state, e ci sono ancora oggi, così come il messaggio che Gesù ha annunciato; basta ricordarsi che nelle mani, nella testa e nel cuore non dobbiamo tenere solo il giornale, ma anche e soprattutto il Vangelo.

Mi sono chiesto se in quest'ultimo periodo ci sia stato qualcuno che davanti a una strage o alla stessa guerra abbia avuto il coraggio di parlare di conversione, correndo il rischio di passare come "politicamente scorretto", in modo esplicito come Gesù ha fatto. Nella sua vita terrena il Figlio di Dio si è trovato diverse volte davanti alla morte e alla sofferenza provocata dalla morte, ha pianto, ha provato compassione e ha ridato la vita (Cfr. Mc 5,22-49; Lc 7,11-17, Gv 11,1-44). Per ben due volte ha fatto capire in modo esplicito che il potere della morte è svuotato (Cfr. Rm 5,12-21), per lui Lazzaro e la figlia di Giairo non sono morti, ma stanno dormendo, solo lui ha l'autorità di chiamare la morte sonno. In Lc 13,19 quando alcuni si presentano a riferire della morte di alcuni Galilei che Pilato aveva fatto uccidere in modo sorprendente Gesù, dice: "Credete che quei Galilei fossero più peccatori di tutti i Galilei, per aver subito tale sorte?" E per i diciotto su cui rovinò la torre di Siloe, aggiunge: "Credete che fossero più colpevoli di tutti gli abitanti di Gerusalemme?" e conclude in entrambi i casi: "No, vi dico, ma se non vi convertite perirete tutti allo stesso modo". Non si sofferma ad analizzare le cause contingenti, ma rileva la causa esistenziale, l'origine stessa della morte, il peccato e la colpa, che l'apostolo Paolo esprime così. "Quindi, come a causa di un solo uomo il peccato è entrato nel mondo e, con il peccato, la morte, e così in tutti gli uomini si è propagata la morte, poiché tutti hanno peccato". (Rm 5,12). Il peccato e la colpa, la morte stessa, trovano un solo rimedio in Gesù Cristo e nella nostra conversione. La novità del brano è propria questa, in altri passi l'attenzione posta sulla conversione riguardava alla modalità umana come cambiamento di vita, in questo caso la metanoia non è considerata come una possibilità ma come una necessità. Nella bilancia della libera scelta umana, la conversione non è posta sul piatto della possibilità, ma su quello della necessità. La conversione non è un elemento secondario, ma una questione di vita o di morte. La conversione come possibilità va posta come dono di Dio e lui che nella sua misericordia rende possibile questa scelta, dà ancora la possibilità all'albero di portare frutti. Nella seconda parte del brano, infatti, viene mostrato il legame tra la conversione e la misericordia. Nella parabola del fico il "tale" dimostra l'interesse verso l'albero con la visita e la richiesta di frutti, chiede al fico di fare secondo la sua natura, l'intervento del vignaiolo non annulla la richiesta di frutti, ma chiede un prolungamento del tempo con la promessa di un impegno diverso. La misericordia non elimina la conversione, ma la rende possibile attraverso la pazienza di Dio e il serio impegno umano nell'atto di "zappare e concimare".

IV DOMENICA DI QUARESIMA

LA MISERICORDIA È CAPACITA' DI ACCOGLIERE

Gs 5,9-12;

Sal 33;

2Cor 5,17-21;

Lc 15,1-3.11-32.

«Perciò io vi dico: non preoccupatevi per la vostra vita, di quello che mangerete o berrete, né per il vostro corpo, di quello che indosserete; la vita non vale forse più del cibo e il corpo più del vestito? Non preoccupatevi dunque dicendo; "Che cosa mangeremo? Che cosa berremo? Che cosa indosseremo?" Di tutte queste cose vanno in cerca i pagani. Il Padre vostro celeste, sa che ne avete bisogno. Cercate, invece, anzitutto il Regno di Dio e la sua giustizia, e tutte queste cose vi saranno date in aggiunta» (Cfr. Mt 6,25-34). "Ma voi non così avete imparato a conoscere Cristo, se davvero gli avete dato ascolto e se in lui siete stati istruiti, ad abbandonare la condotta di prima, l'uomo vecchio che si corrompe seguendo le passioni ingannevoli, a rinnovarvi nello spirito della vostra mente e a rivestire l'uomo nuovo, creato secondo Dio nella giustizia e nella vera santità." (Cfr. Ef 6,20-24). Che cosa dicono all'uomo di oggi, in modo particolare a noi cristiani cattolici, queste parole tratte dal Nuovo Testamento e che tante volte abbiamo letto o sentito? In un mondo in cui le sfilate di moda e i programmi sul cibo occupano i primi posti nelle riviste, nella televisione e su ogni altro mezzo di comunicazione, in cui le modelle, gli stilisti e gli chef sono le professioni più ricercate, ha senso parlare di giustizia? Pensare che il cibo e il vestito siano la via e la meta della santità?

Occupati e preoccupati della novità del cibo e del vestito terreno non riusciamo a gustare più la novità della misericordia di Dio. Solo chi ha sofferto la sete conosce il gusto dell'acqua. Solo chi ha avuto fame apprezza il sapore del pane. Solo chi ha provato la solitudine e la miseria può comprendere il valore dell'accoglienza. Solo chi ha preso coscienza della colpa verso un altro che lo ama, scopre la felicità del perdono. Preoccupati di rivestire Cristo con i nostri pregiudizi e di nutrirlo con le nostre categorie, come i farisei e gli scribi ci siamo tolti anche la possibilità della fame e della sete e non ci resta che chiederci: "Chi sono i pubblicani e i peccatori?" e "Perché Gesù mangia con loro?" Allora scopriremo che la parabola di Luca (15,1-3.11-31) che Gesù racconta è per noi. Perché solo prendendo coscienza della nostra realtà di peccatori, possiamo sperimentare la novità della misericordia del Padre. La possibilità che ci è data è nello stesso tempo unica e duplice: duplice perché possiamo ritrovare la fragilità umana in uno dei due figli o in entrambi; unica perché la misericordia capace di accogliere i figli, che hanno commesso e commettono errori diversi, senza nessuna condizione la possiamo trovare solo nell'unico Padre, Dio.

Tra le tante cose, la parabola non si sofferma sulla descrizione concreta del peccato come trasgressione di una legge, né tantomeno rivela la causa per cui il figlio minore va via, ma manifesta con forza il motivo per cui il Padre lo accoglie, che è lo stesso per cui il figlio maggiore è invitato a entrare, perché è Padre. Ed è questo il punto cruciale dell'argomentazione della parabola: se, infatti, entrambi i figli si sono rapportati, con i fatti e con le parole, al Padre come se fosse un padrone, il Padre nemmeno per un momento, con i gesti e le parole ha smesso di essere Padre. Con arte il narratore manifesta le relazioni tra i membri della famiglia. Le frasi che indirettamente definiscono la relazione che va dai figli al Padre sono caratterizzate dai verbi dare, non essere degno e servire: "Dammi la parte di patrimonio che mi spetta"; "Non sono degno di essere chiamato tuo figlio. Trattami come uno dei tuoi garzoni"; "Ecco io ti servo da tanti anni e tu non mi hai dato un capretto per far festa con i miei amici". Le frasi che descrivono la relazione che va dal Padre verso i figli hanno un unico verbo da cui dipendono tutti gli altri, il verbo essere: "Perché questo mio figlio era morto ed è tornato in vita, era perduto ed è stato ritrovato"; "Figlio tu sei sempre con me e tutto ciò che è mio, è tuo". La necessità che spinge il Padre a fare festa non è il vitello o il capretto, come afferma il figlio maggiore che confonde il motivo con lo strumento, ma la presenza del figlio ritrovato. La festa, infatti, è solo l'espressione della gioia condivisa che il Padre prova quando vede il figlio: "Mentre era ancora lontano, il padre lo vide e ne ebbe compassione. Gli corse incontro, gli si gettò al collo e lo baciò". Il vestito, i sandali e l'anello sono solo il segno della dignità di figlio che il padre gli ha ridato attraverso ciò che solo di Dio può fare. È da notare, come fortemente caratterizzante che, se da una parte il Padre tende, quasi adattandosi, ai figli, prendendo l'iniziativa, uscendo da casa per andare incontro ai figli, dall'altra non cede nemmeno di un centimetro per quanto riguarda la sua natura di Padre. Al figlio maggiore non propone nessuna concessione compromissoria che possa in qualche modo intaccare il suo ruolo di Padre o condizionare l'accoglienza dell'altro figlio, ma lascia aperta la porta di casa.

V DOMENICA DI QUARESIMA

L'INCONTRO CON GESÙ PERMETTE IL CAMBIAMENTO

Is 43,16-21;

Sal 125;

Fil 3,8-14;

Gv 8,1-11.

"Gesù Cristo è il volto della misericordia del Padre". Il mistero della fede cristiana sembra trovare in questa parola la sua sintesi. Essa è divenuta viva, visibile e ha raggiunto il suo culmine in Gesù di Nazareth (Da Misericordie Vultus). La presenza del Verbo incarnato ci dà la possibilità di sperimentare questo dono e di poterlo coniugare nella nostra vita. Ma com'è possibile farlo? E farlo tenendo conto delle modalità con cui il Figlio ci fa vedere il volto del Padre? Quali riferimenti ci danno i termini affini o lontani al sostantivo misericordia, come condanna, giudizio, grazia, legge e salvezza? Come sempre la parola di Dio ci aiuta, ci dà la sua luce che illumina il cammino che si apre, ci dà luce che ci spinge a percorrere la strada. Questi termini, infatti, sono presenti nel brano evangelico della V domenica di Quaresima dell'anno C, tratto dal capitolo otto del vangelo di Giovanni. Mentre Gesù è nel tempio e sta insegnando si avvicinano gli scribi ed i farisei che conducono una donna sorpresa in adulterio: l'intento è di mettere alla prova la sua autorità di Maestro, e per farlo si servono della donna, come se fosse un oggetto, e della legge di Mosè.

La situazione è chiara: la donna è stata sorpresa in flagrante adulterio, non ci sono dubbi sul suo peccato, così come non ci sono dubbi su quello che dice la legge in modo particolare il libro del Levitico (20,10) e quello del Deuteronomio (22,22-24). La prova mette in discussione la possibile interpretazione della legge, il gioco si può fare sul possibile errore che aveva portato alla denuncia del peccato oppure su una scappatoia, una possibilità che può fornire la legge, queste eventualità negate vengono messe davanti a Gesù attraverso una domanda secca: "Tu che ne dici". Se nell'intenzione degli scribi e dei farisei questa domanda doveva costituire la prova, nel momento in cui Gesù la accoglie diventa l'opportunità di aprire una strada nel mare e nel deserto, la possibilità di fare una cosa nuova, di compiere la legge e di plasmare un popolo nuovo.

Gesù è invitato a pronunciare qualcosa, per i farisei tutto dipende da quello che dirà. Nella prima risposta, indirizzata agli scribi e ai farisei, non discute la legge, ma chiede se c'è qualcuno "capace" di applicarla; nella seconda parte, in cui la donna diventa soggetto con cui Gesù si relaziona, solo apparentemente si situa a livello degli altri sull'incapacità di condannare: "neanch'io ti condanno", aggiunge: "Va e d'ora in poi non peccare più". L'aggiunta finale ci costringe a rivedere le cose e a non tralasciare il gesto che Gesù compie prima e dopo la prima risposta, per non cadere nella tentazione che questa parola finale sia un semplice consiglio. "Il va, non peccare più" è legato strettamente al "D'ora in poi", l'incontro con Gesù ha cambiato la situazione della donna, non ricordare le cose passate, non pensare alle cose antiche, sono solo una parte della sua capacità di andare. L'altra parte è racchiusa in quel gesto, se siamo capaci di leggerlo non solo narrativamente ma anche teologicamente. Che il gesto vada al di là della narrazione si capisce dal fatto che non ha una funzione narrativa; se infatti, per un attimo proviamo a toglierlo, la struttura del racconto non cambia, perché allora l'evangelista lo ripete per ben due volte, prima e dopo la risposta?

Per capire la portata del gesto a livello teologico–esistenziale è necessario fare alcuni riferimenti, al Vangelo di Giovanni e alla Sacra Scrittura in generale. "Perché la legge fu data per mezzo di Mosè, la grazia e la verità vennero per mezzo di Gesù Cristo. Dio nessuno l'ha mai visto, il Figlio unigenito che è nel seno del Padre è lui che lo ha rivelato" (1,17-18); "Dio, infatti, ha tanto amato il mondo da dare il suo unigenito Figlio, perché chiunque creda in lui non vada perduto, ma abbia la vita eterna. Dio, infatti, non ha mandato il Figlio nel mondo per condannare il mondo, ma perché il mondo sia salvato per mezzo di lui" (3,16-17). Se a questi passi mettiamo vicini alcuni riferimenti dell'Antico Testamento, diventa più facile capire: "Allora il Signore Dio plasmò l'uomo con la polvere del suolo" (Gen 2,7); "Il Signore mi diede le due tavole di pietra, scritte dal dito di Dio" (Dt 9,10; Cfr. Es 31,18); "Quanti ti abbandonano resteranno confusi, quanti si allontanano da te saranno scritti nella polvere" (Ger 17,13); "Dopo quei giorni porrò la mia legge dentro di loro, la scriverò sul loro cuore. Allora io sarò il loro Dio ed essi saranno il mio popolo" (Ger 31,33). Gesù la prima volta si abbassa per raccogliere la nostra umanità e ci aiuta a prendere coscienza del peccato, che la legge può solo denunciare; la seconda volta scrive nel cuore della donna, che è l'immagine dell'umanità, la legge di grazia che ci orienta alla salvezza. L'incontro con Gesù permette il cambiamento della persona, e diventa per noi, oggi, "Va' e non peccare più".

DOMENICA DELLE PALME E DELLA PASSIONE DEL SIGNORE

LA GIUSTIZIA DI DIO È FEDELTA' ALLE SUE PROMESSE

Is 50,4-7;

Sal 21;

Fil 2,6-11;

Lc 22,14-23.56.

La domenica delle palme apre la settimana più importante per la fede cristiana. Questo giorno viene chiamato domenica di passione perché nella liturgia eucaristica è proclamato il vangelo della passione di Gesù Cristo. Nel cammino verso la Pasqua questa parola dovrebbe aprire in noi uno spazio di accoglienza e di risposta per sperimentare pienamente il mistero dell'azione salvifica di Dio. Che sia per noi una parola "capace" di trafiggere il cuore e dire: "Che cosa dobbiamo fare, fratelli?". Nel silenzio gravido della piena manifestazione del Figlio di Dio che compie la volontà del Padre, gli evangelisti ci consegnano l'opportunità di permettere a Gesù di prolungare la sua passione nella nostra vita.

Mentre nel vangelo di Giovanni il testimone oculare, con l'aiuto della scrittura, ci invita a volgere lo sguardo a colui che hanno trafitto, i sinottici preferiscono affidare alle parole di un anonimo centurione, il significato stesso della vita e morte di Gesù e la possibilità al lettore di professare la stessa fede. In Marco il centurione avendo visto Gesù spirare in quel modo dice: "Davvero quest'uomo era Figlio di Dio!", Matteo associa al centurione "Quelli che con lui facevano la guardia" e riporta, con insignificante differenza formale, la stessa professione di fede, Luca, invece, riporta: «Visto ciò che era accaduto, il centurione dava gloria a Dio dicendo: "Veramente quest'uomo era giusto"». Si apre alla nostra comprensione una duplice possibilità: considerare "Il giusto" di Luca come un sinonimo del "Figlio di Dio" di Marco e Matteo, oppure valutare "Il giusto" come ulteriore informazione a completamento dell'identità di Gesù.

Per fare questo è necessario capire che cosa intende Luca quando parla di giusto. Certamente è lontano da ciò che intendiamo noi oggi, quando parliamo di giustizia, giudice, giustizialismo ecc. legando questi termini a una legge e a un legislatore umano. In questo caso una persona è giusta quando è conforme, osserva, e applica una determinata legge, non c'è nessun riferimento a Dio e alla relazione che si ha con Lui. Non siamo sulla stessa linea di Noè e Giuseppe, lo sposo di Maria, che sono definiti sì giusti, ma legati a una situazione particolare, che anche se gioca sulla legge divina il riferimento è più diretto agli uomini: "Noè era un uomo giusto e integro tra i suoi contemporanei e camminava con Dio" (Gen 6,9); "Giuseppe suo sposo, poiché era un uomo giusto e non voleva ripudiarla pubblicamente, pensò di ripudiarla in segreto" (Mt 1,19). Né tantomeno a quel tipo di giustizia che hanno in mente i farisei e che lo stesso Luca riporta ampiamente nel suo vangelo, al capitolo quindici, alle mormorazioni di questi personaggi e degli scribi risponde con le parabole della misericordia in cui pone l'accento: «Io vi dico: così vi sarà gioia nel cielo per un solo peccatore che si converte, più che per novantanove giusti i quali non hanno bisogno di conversione» (15,7); e al capitolo diciotto nella parabola del fariseo e del pubblicano: "Io vi dico: che questi, a differenza dell'altro tornò a casa giustificato, perché chiunque si esalta sarà umiliato, chi invece si umilia sarà esaltato" (18,14).

"Il giusto" che viene riconosciuto dal centurione ha una lunga storia nella Bibbia e tiene conto di due testi in particolare: l'intercessione di Abramo in Genesi cap.18 e i Canti del Servo sofferente nel libro di Isaia. La ricerca del giusto inizia proprio nel momento in cui Dio comunica al suo servo di distruggere Sòdoma e Gomorra a causa del loro grave peccato. Ad Abramo che non ritiene "retto" che sia sterminato il giusto con l'empio, Dio risponde che salverà l'intero luogo se troverà cinquanta giusti. Si apre una contrattazione in cui Abramo, giocando continuamente al ribasso sul numero dei giusti, alla fine torna nella sua abitazione, lasciando il compito a Dio non solo di trovare i giusti, ma anche di definire la giustizia. I Canti del servo sofferente ci aiutano a fare un passo in avanti in questa ricerca: il numero dei giusti si è ridotto, ora ce n'è uno solo, il Messia, che ha come missione il diritto e la giustizia: "Non verrà meno e non si abbatterà, finché non avrà stabilito il diritto sulla terra" (Is 42,4); "Io il Signore, ti ho chiamato per la giustizia" (Is 42,6). Sa che la sua giustizia è in relazione al suo rapporto con Dio e che solo lui può giustificare l'empio con la sua sofferenza: "È vicino chi mi rende giustizia: chi oserà venire a contesa con me?" (Is 50,8); "Il giusto mio servo giustificherà molti, egli si addosserà le loro iniquità" (Is 53,11). Il desiderio di Abramo e la ricerca di Dio trovano il loro compimento in Cristo come ci ricorda Paolo: "Ora a stento qualcuno è disposto a morire per un giusto; forse qualcuno è disposto a morire per una persona buona. Ma Dio dimostra il suo amore verso di noi nel fatto che mentre eravamo peccatori, Cristo è morto per noi. A maggior ragione ora, giustificati dal suo sangue, saremo salvati dall'ira per mezzo di lui.". (Rm 5,7-9). In linea con Paolo, Luca chiede al suo lettore di dare gloria a Dio riconoscendo in Gesù Cristo non una giustizia umana, ma la giustizia di Dio che è fedele alle sue promesse. E attraverso questa giustizia salva, non solo Sòdoma e Gomorra, ma tutta l'umanità.

ANNO C

TEMPO DI PASQUA

DOMENICA DI PASQUA - RISURREZIONE DEL SIGNORE

IL CORAGGIO DI ANDARE DOVE IL RISORTO CI ATTENDE

At 10,34a.37-43;

Sal 117;

Col 3,1-4 (1Cor 5,6-8);

Gv 20,1-9 - (Lc 24,1-12).

"Andate e portate a tutti la gioia del Signore risorto. Alleluia, alleluia."; queste parole concludono la veglia di Pasqua e la messa di Pentecoste che chiude il periodo pasquale. L'esperienza che abbiamo fatto e che siamo invitati a portare agli altri, è quella del Signore risorto. Immediatamente quest'osservazione può sembrare banale, invece nella sua semplicità ci chiede di saper cogliere i momenti logici e cronologici di questa stessa esperienza, poiché la mancata comprensione può essere pericolosa. Siamo, infatti, talmente abituati da un mondo e da un linguaggio positivista a concettualizzare le cose e le persone che anche nell'ambito della religione la tentazione è questa: definire la risurrezione e poi attraverso questa categoria pretendere di incontrare il risorto. Ma il cammino di fede ci dimostra che non può essere così, anzi richiede un processo inverso, questa esperienza è supportata e confermata dalla Scrittura che ci ricorda che la fede nasce dall'ascolto della parola di Dio (Cfr. Rm 10,11-15).

Nei vangeli cogliamo non solo la possibilità dell'errore, ma anche l'indicazione del cammino corretto. I tre sinottici seguono quasi lo stesso sviluppo, all'inizio non parlano di risurrezione, l'attenzione è posta sull'annuncio del regno di Dio e sulla necessità della conversione. Gli evangelisti introducono il tema della risurrezione attraverso Erode che interrogandosi sull'identità di Gesù dice ai suoi cortigiani "Costui è Giovanni Battista. È risorto dai morti e per questo ha il potere di fare prodigi" (Mt 14,2; Cfr. Mc 6,14-29, Lc 9,7-9). Il dubbio di Erode viene eliminato dal narratore attraverso il racconto della morte di Giovanni Battista e la relativa sepoltura, non può essere risorto perché il suo corpo si trova nel sepolcro (Cfr. Mc 6,29). Anche nei discepoli nasce e si sviluppa il tema dell'incomprensione e della paura riguardo alla morte e alla risurrezione. Nel momento in cui Gesù annuncia per la prima volta la sua morte e risurrezione, allo scandalo per la morte si accompagna l'incomprensione e lo smarrimento per la risurrezione: "Mentre scendevano dal monte, ordinò loro di non raccontare ad alcuno ciò che avevano visto, se non dopo che il Figlio dell'uomo fosse risorto dai morti. Ed essi tennero fra loro la cosa, chiedendosi che cosa volesse dire risorgere dai morti.". (Mc 9,9-10). Lo smarrimento cognitivo aumenta ed è associato alla paura dopo il secondo annuncio: "Essi, però non capirono queste cose e avevano paura di interrogarlo" (Mc 9,32). L'evangelista Luca è ancora più esplicito riguardo all'incomprensione, riporta questa reazione al secondo annuncio della passione: "Essi però non capirono queste parole, restavano così misteriose che non ne coglievano il senso, e avevano paura di interrogarlo su quest'argomento" (Lc 9,45), e ancora come risposta al terzo annuncio della passione: "Ma quelli non compresero nulla di tutto questo; quel parlare restava oscuro per loro e non capivano ciò che egli aveva detto" (Lc 18,34). Il dubbio sulla risurrezione dei morti viene ripreso dai sadducei dopo l'ingresso a Gerusalemme, la loro domanda permette a Gesù di dare una prima indicazione, la risurrezione è legata strettamente a Dio e alla sua rivelazione storica: «Che poi i morti risorgono, l'ha indicato anche Mosè a proposito del roveto, quando dice: "Il Signore è il Dio di Abramo, Dio di Isacco e Dio di Giacobbe. Dio non è dei morti, ma dei viventi; perché tutti vivono per lui.». (Lc 20,38).

L'evento della passione e morte di Gesù apparentemente non aiuta il processo di comprensione, anzi quando le donne si presentano al sepolcro, non trovano quello che stavano cercando: "Non trovarono il corpo del Signore Gesù". Si presentano due uomini che orientano la nuova ricerca: «Perché cercate tra i morti colui che è vivo? Non è qui, è risorto. Ricordatevi come vi parlò quando era in Galilea e diceva: "Bisogna che il Figlio dell'uomo sia consegnato in mano ai peccatori, sia crocifisso e risorga il terzo giorno"» (Lc 24,6-7). Queste parole illuminano ancora oggi il significato profondo della risurrezione, la sua comunicazione e la sua comprensione, ci fanno capire che non è un concetto né una categoria, ma un incontro con una Persona. Gesù stesso non si è messo a spiegare il suo significato nonostante l'incomprensione dei discepoli, oggi come allora c'invita attraverso gli angeli, prima, e le donne, poi, a incontrarlo: "Egli vi precede in Galilea, là lo vedrete come vi ha detto" (Mc 16,7). Quando ci fermiamo a riflettere sulla risurrezione ogni parola "annunciata" può sembrare un vaneggiamento e il risultato è che non crediamo ad esse (Cfr. Lc 24,11), ma se abbiamo il coraggio di andare là dove il Risorto ci attende, allora attraverso di lui potremo farne esperienza e diventare discepoli per annunciare l'unica ed eterna novità: "Gioia mia, Cristo è risorto".

II DOMENICA DI PASQUA

GESÙ, LA CHIESA, LA FEDE

At 5,12-16;

Sal 117;

Ap 1,9-13.17.19;

Gv 20,19-31.

"In principio era il Verbo, e il Verbo era presso Dio e il Verbo era Dio", sono queste le parole con cui inizia il vangelo di Giovanni e con cui il suo autore stringe un patto con il lettore; parole che l'autore s'impegna a dimostrare nello sviluppo del suo racconto: una dimostrazione che non è affidata a una serie di dati, giocati sulla logica e il ragionamento umano, ma su "segni" che il Verbo compie perché "Il Verbo si è fatto carne ed è venuto ad abitare in mezzo a noi". Alla fine del suo racconto il narratore si rivolge al suo lettore e lo informa di una selezione che ha operato per scrivere il vangelo: "Vi sono ancora molte cose compiute da Gesù che, se fossero scritte una per una, penso che il mondo stesso non basterebbe a contenere i libri che si dovrebbero scrivere". (Gv 21,24-25). Il motivo di questa scelta l'ha spiegato in precedenza: "Molti altri segni fece Gesù in presenza dei suoi discepoli, ma non sono stati scritti in questo libro. Questi sono stati scritti, perché crediate che Gesù è il Cristo e perché, credendo, abbiate la vita nel suo nome.". La scelta di separare le due affermazioni è legata strettamente alla situazione: era necessario per l'autore far capire al lettore che il "segno" finale dell'apparizione di Gesù è legato alla fede, ma anche a una comunità che giacché tale, costituita continuamente dalla relazione con Gesù, può garantire le condizioni in cui il singolo può sperimentare direttamente ciò che gli è stato annunciato.

Il brano evangelico della seconda domenica di Pasqua è raccontato per far comprendere il legame fra tre elementi: l'apparizione di Gesù, la Chiesa, e la fede. La comunità a cui appare Gesù non è solo un insieme di persone sole e impaurite, ma un "luogo di fede", poiché costituisce lo spazio in cui Gesù viene. L'evangelista, infatti, non specifica il posto fisico, ma pone l'accento che i discepoli si trovavano a porte chiuse per timore dei Giudei e che Gesù si ferma in mezzo a loro. Il punto di riferimento del venire di Gesù non è un luogo fisico, ma relazionale, di fede: nella comunità è presente il discepolo che è andato con Pietro al sepolcro e ha visto e creduto e poi è tornato a casa; una comunità che è "costretta" a riflettere sull'annuncio di Maria Maddalena che ha visto il Signore e ha riferito tutto ciò che le ha detto. Lei è la prima persona a realizzare la dinamica che Paolo ci ricorda nella lettera ai Romani: "Chi scenderà nell'abisso? – per far risalire Cristo dai morti. Che cosa dice dunque? Vicino a te è la Parola, sulla tua bocca e nel tuo cuore, cioè la parola della fede che noi predichiamo. ...... Dunque la fede viene dall'ascolto e l'ascolto riguarda la parola di Cristo" (10,7-8.17). L'incarnazione, la vita, la morte e la risurrezione hanno costituito una comunità e l'hanno predisposta all'accoglienza del Risorto, ai suoi doni e al suo mandato. L'apparizione del Risorto non è staccata da tutto ciò che l'ha preceduto come se volesse semplicemente dimostrare qualcosa che era stata annunciata, ma la continuazione di una missione che Gesù ha ricevuto dal Padre e che ora affida ai discepoli: "Come il Padre ha mandato me, anch'io mando voi".

Una comunità già costituita e resa capace di accoglienza ora viene trasformata dal dono dello Spirito che il Risorto alita su di loro, a cui è possibile affidare non solo la remissione dei peccati, ma anche la non remissione. In poche righe l'evangelista chiede al suo lettore di percepire nella comunità un'accoglienza diversa, l'accoglienza di Tommaso, assente alla venuta di Gesù. L'apostolo diventa per la comunità il primo discepolo che ha difficoltà a credere, non a credere a una possibile apparizione, ma ad appoggiarsi alla parola degli altri discepoli e alla loro esperienza. In questo caso la comunità primitiva non emargina o espelle Tommaso, ma poiché comunità trasformata dalla visita del Risorto garantisce lo spazio e il tempo in cui la difficoltà dell'apostolo nei confronti della comunità stessa può diventare attesa dell'incontro del Signore, accesso alla beatitudine: "Beati quelli che non hanno visto e hanno creduto".

Di fede in fede la comunità viene costituita da Gesù e sussiste per dare la possibilità a ogni cercatore di Dio, nonostante i suoi dubbi sulla Chiesa stessa, di avere la vita e di generare quella di altri figli come ci ricorda la domanda che il sacerdote rivolge ai genitori che presentano il figlio prima di amministrare il Battesimo: "Volete dunque che N riceva il Battesimo nella fede della Chiesa che tutti insieme abbiamo professato?" Forse le porte chiuse, di cui si fa riferimento una seconda volta nel brano, hanno la funzione di custodire il discepolo e l'esperienza del Risorto e di permetterne l'incontro.

III DOMENICA DI PASQUA

LE AZIONI RENDONO CREDIBILI LE PAROLE

At 5,27b-32;

Sal 29;

Ap 5,11-14;

Gv 21,1-19.

Non sono le parole, ma i fatti che contano! Le azioni confermano le parole e le rendono credibili. Solo chi ascolta può agire, le parole illuminano i passi. Quante sono le dinamiche all'interno del legame tra parola e azione? La nostra comunicazione, ma anche la nostra vita, si gioca necessariamente sulla capacità di armonizzare di volta in volta, di situazione in situazione la priorità dell'una sull'altra. Questa indicazione non viene solo da un'esperienza di vita, ma soprattutto da un riferimento evangelico. Nel vangelo, infatti, in alcuni casi le azioni, i miracoli, danno autorità alla parola annunciata; in altri le azioni, gli eventi aprono a una discussione, a una riflessione che chiede apertura di cuore e inizio di un nuovo cammino. Nei vangeli sinottici prevale la prima modalità, in Giovanni la seconda.

Naturalmente ogni racconto comunica contenuti e modalità proprie, Gv 21,1-19 può essere un esempio efficace a riguardo. A una prima lettura il dialogo tra Gesù e Pietro sembra abbia solo un contatto progressivo-narrativo con ciò che lo precede, in realtà c'è anche uno stretto legame teologico-spirituale. Le tensioni testuali presenti nella prima parte richiedono una luce che in parte viene data dalla seconda, nello stesso tempo ci permettono di elevare a un livello superiore lo stesso dialogo evitando il rischio di una lettura banale. L'inizio del brano ci dà un primo punto di appoggio per la lettura del testo quando il narratore ci informa: "In quel tempo Gesù si manifestò di nuovo ai suoi discepoli sul mare di Tiberiade". Ci dà un'indicazione precisa: quest'apparizione vuole aggiungere qualcosa alle precedenti, e questa novità è legata all'esperienza che Gesù ha vissuto con Pietro e gli altri discepoli in quel luogo. Per alcuni aspetti il brano sembra ricalcare Lc 5,1-11: il luogo, la mancata pesca, la parola di Gesù, la rivelazione, la chiamata e la sequela. Gli elementi sono gli stessi, ma le persone non sono più quelle, Gesù è morto ed è risorto e i discepoli hanno sperimentato quest'evento. Quanto questo deve orientare la loro vita e la loro missione? Le indicazioni emergono in modo sottile dalle tensioni presenti nel testo, in modo particolare dalla prima cui poi sono collegate le altre. Perché Gesù si presenta sulla riva e chiede da mangiare? In questo caso la richiesta non vuole togliere i dubbi riguardo alla risurrezione del corpo, ma ci orienta verso una ricerca diversa; la richiesta di Gesù chiede al lettore del vangelo di tenere conto, almeno a livello allusivo, di alcuni brani evangelici: Gv 4,31-38; Gv 6 e Mt 25,31-46.

In particolare deve risuonare forte Gv 4,31-38, mentre i discepoli erano andati in città a fare provvista di cibo, Gesù aveva incontrato una donna samaritana al pozzo di Giacobbe e con lei era entrata in dialogo; tornati, non chiedono niente, ma pregano Gesù: "Rabbì, mangia". La risposta di Gesù apre un significato nuovo alla loro supplica: "Io ho un cibo da mangiare che voi non conoscete", "Il mio cibo è fare la volontà di colui che mi ha mandato a compiere la sua opera". «Ecco, io vi dico: alzate i vostri occhi e guardate i campi che biondeggiano per la mietitura", "Io vi ho mandato a mietere ciò per cui non avete faticato; altri hanno faticato e voi siete subentrati nella loro fatica». Il Gesù che chiede da mangiare allude a Mt 25,35.40: "Perché ho avuto fame e mi avete dato da mangiare; Tutto quello che avete fatto a uno di questi fratelli più piccoli l'avete fatto a me". Gesù prolunga nei piccoli della Chiesa il suo bisogno di mangiare e chiede ai discepoli di saziare questa fame, questa richiesta fa prendere coscienza ai discepoli, e oggi alla chiesa, l'impossibilità di sfamare il bisogno di un "cibo" da soli. Ecco il primo intervento di Gesù, quel "tipo di fame" può essere saziata solo dall'intervento e dalla parola di Gesù: "Gettate la rete dalla parte destra e troverete". Il trovare permette ai discepoli e alla chiesa di riconoscere il Risorto che continua a guidare la loro missione. Il riconoscimento permette di giungere al "Banchetto", si spiega così la seconda tensione testuale: "Appena scesi a terra, videro un fuoco di brace con del pesce sopra, e del pane". La fame di Gesù è una fame diversa, è una fame di amore, è una fame che vuole estendersi nei suoi discepoli, che per questo devono rendersi disponibili ad accogliere questa fame di amore. Ciò è possibile nella misura in cui si prende coscienza non solo della mancanza di cibo ma della "fame" stessa. Il "Figlioli, non avete nulla da magiare?", si trasforma in "Venite a mangiare".

Il dialogo tra Gesù e Pietro si fonda, esplicita e conferma ciò che è avvenuto, le domande di Gesù riguardo alla capacità di amare fanno capire all'apostolo e agli altri che nonostante la buona volontà senza l'unione con la Vite e il suo amore è impossibile pascere il suo gregge. Quando "Pietro" finalmente capirà la necessità di farsi lavare i piedi dal "crocefisso" e di farsi cingere la veste dal Risorto allora sarà possibile diventare pescatore di uomini.

IV DOMENICA DI PASQUA

IL SIGNORE È IL PASTORE

At 13,14.43-52;

Sal 99;

Ap 7,9.14-17;

Gv 10,27-30.

"Noi siamo il tuo popolo, gregge che egli guida", è il ritornello del salmo responsoriale che ci fa ripetere la liturgia della parola della IV domenica di Pasqua dell'anno C. Abbiamo bisogno di esprimere la nostra identità, di prenderne coscienza, in modo tale che la visione aiuti il processo della nostra crescita. Costituiti come relazione, nasce continuamente il desiderio di vivere pienamente il nostro divenire e la nostra identità nella manifestazione della natura della nostra relazione. Questa dinamica che caratterizza le relazioni orizzontali nella continua ricerca di definire, su uno sfondo generale, qualcosa di particolare ed esclusivo, diventa ancora più forte nella relazione verticale con Dio in cui la natura stessa del rapporto richiede continuamente la necessità di espressione per sé e per gli altri. Gesù stesso durante la sua vita terrena ha cercato di preparare i suoi discepoli a vivere pienamente l'esperienza del suo donarsi, definendolo attraverso metafore, similitudini e parabole. È chiaro che alla base di tutte le immagini c'è la relazione parentale, definita di volta in volta dalla paternità, dalla figliolanza e dalla fratellanza, ma accanto a questa e tra le altre è presente l'immagine del buon pastore e delle pecore.

L'immagine del pastore e del gregge nella storia di Israele nasce, probabilmente, dalla vita concreta del popolo che nel periodo iniziale era nomade, rimane quando diventa sedentario e viene fissata in modo esemplare per raccontare il rapporto tra Dio e il salmista. L'incipit del salmo 22 definisce sinteticamente tutto: "Il Signore è il mio pastore non manco di nulla", ciò che diventerà per S. Teresa d'Avila "Solo Dio basta!", viene espresso dal salmista attraverso le "isotopie" del cibo e del cammino. Per l'uomo biblico, infatti, il loro punto d'incontro definisce la vita stessa come possibilità. Egli sa che la vita dipende da colui che conduce, dà il cibo e protegge, che attraverso questo si può sperimentare la sua bontà e la sua fedeltà, tanto che quest'ultime diventano compagne per arrivare ad abitare la casa del Signore. L'agire storico di Dio che definisce l'identità del popolo viene sviluppato dalla riflessione successiva: il periodo della monarchia e del profetismo serve a prendere coscienza dell'incapacità umana di sostituire Dio in questo ruolo fondamentale, in modo particolare Geremia (23,1-6) ed Ezechiele (34) dopo aver denunciato il fallimento dei pastori che pascono se stessi, annunciano la presenza di Dio come l'unico pastore capace di radunare e moltiplicare il popolo con giustizia, perché il germoglio di Davide porta questo nome: "Signore-nostra-giustizia". In questa definizione profetica il riferimento è chiaramente Abramo, il pastore che per primo è stato giustificato da Dio (Gen 15,6).

Alcuni autori dei libri del Nuovo Testamento riprendono quest'immagine e la completano in modo diverso, direttamente ne fanno riferimento Luca e Matteo con la parabola della pecora smarrita (Lc 15, Mt 18) e Giovanni con il discorso del buon pastore (Gv 10). Mentre Matteo e Luca con la parabola vogliono sottolineare la volontà di Dio di non perdere nessuno, nemmeno i peccatori, manifestando così la realizzazione della giustizia di Dio, Giovanni sviluppa l'immagine caratterizzando la figura del pastore e quella delle pecore attraverso le parole di Gesù. La parte del capitolo che ci riporta il brano evangelico della liturgia della parola è quella sintetica e conclusiva della descrizione del rapporto tra il pastore e le pecore. Dopo aver introdotto e sviluppato l'immagine, mentre cammina nel portico di Salomone Gesù, viene provocato dai Giudei che gli chiedono: "Fino a quando ci terrai nell'incertezza? Se tu sei il Cristo, dillo a noi apertamente". Il tenore della domanda orienta la risposta di Gesù e la nostra lettura a livello messianico. Gesù, infatti, fa notare di averlo detto e manifestato attraverso le opere, e che non è stato creduto da chi non fa parte del suo gregge e in tre versetti delinea il rapporto di appartenenza tra le pecore e il pastore. Non può, infatti, caratterizzare le pecore se non a proposito del pastore, le pecore sono tali (cioè sue) perché lui continuamente le costituisce. La prima sentenza si sofferma sulle pecore che ascoltando la sua voce e si permettono la conoscenza e la sequela di Gesù. La parte centrale porta una novità rispetto sia all'Antico Testamento che a Luca e Matteo: il pastore non solo cerca, raduna e moltiplica, ma dà la vita eterna. Questo dono particolare è possibile perché come aveva detto prima (v. 11) egli è capace di sacrificare la sua vita per le pecore, e nessuno può strapparle dalla sua mano. Le pecore sono definite e costituite dal pastore, "Essi sono coloro che hanno lavato le loro vesti rendendole candide con il sangue dell'agnello", e il pastore è tale in forza del suo legame con il Padre, "Io e il Padre siamo una cosa sola". "L'agnello che sta in mezzo al trono sarà loro pastore e li guiderà alle fonti delle acque della vita. E Dio tergerà ogni lacrima dai loro occhi".

V DOMENICA DI PASQUA

CHE CERCATE?

At 14,21-27;

Sal 144;

Ap 21,1-5;

Gv 13,31-35.

Quante volte è capitato di rendere conto non solo dell'esistenza di Dio, ma anche della sua identità, di dover rispondere non solo alla domanda "Dio esiste? Ma anche "Che cos'è Dio?". Gli interrogativi che, noi stessi e altri, poniamo davanti alla vita non sono semplici insinuazioni, ma provocazioni, e spesso nascondono una ricerca così come evidenzia bene Gesù nei primi capitoli del vangelo di Giovanni: "Che cercate?", "Venite e vedete". Istintivamente, e benevolmente possiamo rispondere: "Dio è amore". Se questa risposta per l'uomo biblico ha un preciso significato legato a una storia, quella tra Dio e l'umanità, per l'uomo contemporaneo, lontano da questa storia, può portare a un non senso. La tentazione, infatti, è quella di definire l'amore secondo parametri umani, e per questo relativi, e voler ingabbiare Dio in questi criteri, definendoli di volta in volta in conformità a situazioni, culture e desideri, facendo diventare Dio una nostra creatura che dipende dalla nostra esperienza. Ci viene offerta una possibilità di ribaltare la definizione e il cammino esperienziale se iniziamo a dire: "L'amore è Dio", l'opportunità di sperimentare l'amore a partire da Dio e da come Lui si è rivelato e l'ha rivelato. L'obiezione che può nascere è quella della non conoscenza di Dio e quindi non esperienza dell'amore, ma quest'obiezione crea lo spazio alla testimonianza del cristiano, che ha sperimentato l'amore di Dio e ha la capacità di trasmetterlo.

Se consideriamo che l'esperienza faccia parte della storia e, lo strumento privilegiato della storia e della sua trasmissione è l'uomo, ci viene a mancare un anello della catena: quello tra Dio e l'uomo, tra Dio e la storia. "Ma quando venne la pienezza del tempo, Dio mandò il suo Figlio, nato da donna, nato sotto la legge, per riscattare quelli che erano sotto la legge, perché ricevessimo l'adozione a figli" (Gal 4,4-5) e l'uomo ha potuto sperimentare che cos'è la figliolanza divina, che cos'è l'amore. I vangeli ci raccontano quest'amore; Gesù lo dona e lo propone come via alla felicità: al dottore della legge che chiede cosa deve fare per avere la vita eterna, ricorda il comandamento dell'amore e per non restare nel vago lo rende concreto con la parabola del "Buon Samaritano" (Cfr. Lc 10,25-37); al giovane ricco che si pone davanti al maestro con lo stesso desiderio e la stessa disponibilità, lo dona come frutto dell'unica bontà di Dio e lo invita ad accoglierlo nella sequela (Cfr. Mc 10,17-22; Mt 22,16-22). Gesù non parla del comandamento come un elemento esterno alla sua persona e alla sua vita, ma come qualcosa che fa parte della sua identità, della sua relazione con il Padre e della sua relazione con i suoi discepoli, ne parla per aiutare i discepoli a sperimentarlo nel momento in cui ne rivela l'essenza e lo dona totalmente: l'ora della croce. Gesù ha annunciato questo momento e nel vangelo di Giovanni l'ha preparato attraverso la lavanda dei piedi. Questo gesto ha la funzione di far capire che il servizio (sacrificio) crea l'unione: "Se non ti laverò, non avrai parte con me"; e attraverso la comunione rende capaci di seguire l'esempio: "Vi ho dato l'esempio, infatti, perché anche voi facciate come io ho fatto a voi. Se farete questo sarete beati.".

Nel momento in cui dichiara il tradimento di Giuda e il traditore esce, il Figlio dell'Uomo viene glorificato, e Dio è glorificato in lui, in questo momento Gesù compie fino alla fine l'opera che il Padre gli ha affidato. La glorificazione di Gesù culmina con la sua dipartita, cioè con la sua morte, ancora per poco sono con voi. In questo "poco" lascia il nuovo comandamento: "Che vi amiate gli uni gli altri; come io vi ho amato, così amatevi anche voi gli uni gli altri.". Questo nuovo comandamento richiede un'osservazione, l'amore consegnato ai discepoli non è soggettivo, legato alla singola persona come capacità o volontà, ma ha una "misura", un esempio, ed è l'amore che Gesù dona fino alla fine: "Prima della festa di Pasqua, Gesù sapendo che era venuta la sua ora di passare da questo mondo al Padre, avendo amato i suoi che erano nel mondo, li amò sino alla fine" (Gv 13,1). Quello che nei sinottici, attraverso il comandamento dell'amore, è accennato, qui viene mostrato. Amare Dio con tutto il cuore, con tutta l'anima, con tutta la forza e con tutta la mente significa compiere la volontà di Dio; amare il prossimo come se stessi significa amare come Gesù ha amato. Ma quest'amore è possibile all'uomo? Sì, se come Pietro saremo capaci di farci lavare i piedi da Gesù, ma soprattutto come Simone ci ricorderemo che prima di dare la vita per gli altri, anche per Gesù, è necessario lasciare che Gesù dia la vita per noi: «Simon Pietro gli disse: "Signore dove vai?" gli rispose Gesù "Dove vado tu ora, non mi puoi seguire, mi seguirai più tardi". Pietro disse: "Perché non posso seguirti ora?" Darò la vita per te!"». Quest'amore è possibile perché la nostra vita è legata a quella di Gesù come sintetizza bene la prima lettera di Giovanni (Cfr. 1Gv 4,7-10).

VI DOMENICA DI PASQUA

RIMANETE NEL MIO AMORE

At 15,1-2. 22-29;

Sal 66;

Ap 21,10-14.22-23;

Gv 14,23-29.

Abbiamo bisogno di sapere che c'è sempre una possibilità, c'è una possibilità che la nostra vita continui, che sia migliore, più stabile, più sicura. Questo desiderio molte volte si concentra su cose umane e materiali che alimentano l'illusione, ma in realtà rivelano solo la loro impotenza a soddisfare il nostro desiderio. Quando sperimentiamo tale impotenza riversiamo sulle persone le nostre attese e le nostre speranze, ma anche queste, se pur in modo diverso, ci fanno percepire il fallimento. L'incarnazione e la vita terrena di Gesù costituiscono una novità e un superamento di questi limiti. Ci sono molti episodi in cui gli evangelisti raccontano il bisogno umano di superare il limite e l'aiuto che di volta in volta viene offerto da Gesù. Tutte queste ricerche sono tentativi parziali di superare il limite fondamentale dell'uomo, la morte, e anche in questo caso Gesù rivela il disegno del Padre che nella morte e risurrezione del Figlio viene incontro al desiderio dell'uomo. L'evento di morte e risurrezione, infatti, non va letto sulla linea della dimostrazione-imitazione ma soprattutto su quella della partecipazione: "Ora, invece, Cristo è risorto dai morti, primizia di coloro che sono morti. Perché se per mezzo di un uomo venne la morte, per mezzo di un uomo verrà anche la risurrezione dei morti. Come, infatti, in Adamo tutti muoiono, così in Cristo tutti riceveranno la vita. Ognuno però al suo posto: prima Cristo che è la primizia, poi alla sua venuta, quelli che sono di Cristo" (1Cor 15,20-24).

La risurrezione, il superamento della causa di ogni limite umano, la morte, è possibile! È possibile perché Cristo è risorto dai morti per noi, sarà possibile sole se noi "Siamo di Cristo", perché "In Cristo tutti riceviamo la vita". L'essere in Cristo, che l'evangelista Giovanni esprime con la metafora della vite e i tralci (Cfr. 15, 1-17), sintetizzandola con l'espressione "Rimanete nel mio amore", cosa comporta come risposta umana? Le indicazioni vengono da Gesù stesso e richiedono come atteggiamento fondamentale la fede: "Ve l'ho detto adesso, prima che avvenga, perché quando avverrà voi crediate". Gesù sa che sta per separarsi dai discepoli, li ha amati fino alla fine, sa anche che questa separazione è necessaria, perché in questa si completa "L'amore fino alla fine", comprende che per aiutare i discepoli a superare il dolore della separazione e continuare a rimanere in lui è necessario dotarli degli strumenti adatti: la Parola, lo Spirito, la Pace. Gesù stesso crea un circolo virtuoso tra l'amore e la parola in cui è difficile capire chi nutre o chi dipende dall'altro, ciò che viene prima e ciò che viene dopo, ma una cosa è sicura: "Solo l'amore osserva la parola", e solo "La parola crea l'amore" (Chi accoglie i miei comandamenti e li osserva questi è colui che mi ama) Solo questa consapevolezza permette all'uomo di entrare nella dinamica e nella dimensione di un

"Altro amore", quello tra il Padre e il Figlio, poiché la parola che Gesù ci ha lasciato non è sua ma del Padre che l'ha mandato.

Non è facile capire queste parole ed entrare in questo dinamismo, è necessario un maestro speciale, lo Spirito Santo, colui che ci chiama e ci consola, egli si mette accanto a noi, ci ricorda quello che Gesù ha detto e ci aiuta a comprenderlo, questo significa consolare, non colui che ci illude o ci evita le difficoltà del limite, ma colui che ci aiuta a comprendere e superare. Può capitare oggi, come nella chiesa primitiva, di dover affrontare dei problemi che nascono nella comunità, problemi che riguardano l'accoglienza dell'azione salvifica di Dio. Anche nella chiesa di oggi possono esserci delle voci che sconvolgono gli animi e turbano i cuori, ma la luce e la pace per prendere la decisione giusta, continuare a camminare e osservare i comandamenti di Gesù, sono doni che vengono sempre dallo Spirito S anto: "Abbiamo deciso noi e lo Spirito Santo ..." Nei momenti di sofferenza, di difficoltà, di smarrimento, abbiamo bisogno di pace. Il mondo ci propone false sicurezze, punti di appoggio che si rivelano illusori, perché questo può fare. La pace di cui abbiamo bisogno è invece, un dono esclusivo, che solo Gesù, il Figlio di Dio può dare, un dono divino che nasce per noi dall'obbedienza del Figlio alla volontà del Padre. E questa è la volontà che crea pace e amore: il Padre che manda il Figlio e il Figlio che torna al Padre per portare la gioia agli uomini.

ASCENSIONE DEL SIGNORE

IL TEMPO È IL LUOGO DI COLUI CHE SEMPRE VIENE

At 1,1-11;

Sal 46;

Eb 9,24-28;

Lc 24,46-53.

"Dice il Signore Dio: Io sono l'Alfa e l'Omèga, Colui che è, che era e che viene, l'Onnipotente" (Ap 1,8), in poche parole l'ultimo libro della Bibbia, non solo ci presenta Gesù Cristo, ma ci permette di entrare nella sua storia, che è stata scritta, che si sta scrivendo e che si scriverà. Gesù non è un fatto puntuale, e nemmeno due punti estremi nel tempo. Egli è colui che unisce questi due punti, lo spazio, in cui tempo stesso s'inscrive, è contenuto e trova il suo senso. È lo spazio in cui la fine è presente per dare un nuovo inizio, perché sia possibile l'eterna novità. Quello che ci presenta l'Apocalisse è il "Veniente", colui che continuamente viene, e nel suo giungere rivela la sua onnipotenza. Con il suo continuo venire permette al tempo di avere un nuovo significato per l'uomo, poiché da un certo momento in poi, il tempo è per il credente il luogo in cui Gesù viene.

Il momento che segna l'inizio del veniente è l'Ascensione. Dopo la sua incarnazione, la morte e la risurrezione, Gesù ascende al Padre. L'episodio può essere letto come l'ultimo atto della vita terrena di Gesù; Egli viene infatti sottratto alla vista dei discepoli con l'assicurazione che i loro occhi lo rivedranno allo stesso modo con cui l'hanno visto andare in cielo. Oltre a questa rassicurazione ai discepoli viene consegnata la promessa dello Spirito santo che li renderà testimoni fino ai confini della terra. C'è in questa promessa parte della verità che ci ha consegnato l'Apocalisse: sono, infatti, i discepoli con la loro predicazione e la loro testimonianza a rendere presente, nel tempo che deve venire e nello spazio dei confini del mondo, la continua venuta di Gesù per tutta l'umanità. Quello che i discepoli devono testimoniare non è un'idea, o una convinzione acquisita, ma il Figlio di Dio che è vissuto tra loro per quaranta giorni dopo la sua risurrezione. Bisogna che ciò che è avvenuto si compia ancora per altre persone, poiché quello che Gesù ha detto non deve rimanere vincolato né a un preciso momento né a un luogo particolare, ma ha valore universale. Questa necessità viene bene espressa dalle parole che Gesù dice prima della sua ascensione al cielo: "Sono queste le parole che io vi dissi quando ero ancora tra voi, bisogna che si compiano tutte le cose scritte su di me nella legge di Mosè, nei profeti e nei salmi. Allora aprì loro la mente per comprendere le Scritture ..." Questa frase riprende altri due riferimenti alla scrittura presenti al capitolo ventiquattro dello stesso vangelo: "E cominciando da Mosè e dai profeti, spiegò loro in tutte le scritture ciò che si riferiva a lui"; "Non ardeva forse in noi il cuore mentre egli conversava con noi lungo la via, quando ci spiegava le scritture?".

Il Risorto in tutte le apparizioni che Luca racconta diventa il vero ermeneuta che aiuta i discepoli a interpretare le scritture, come usarle per illuminare il mistero della sua morte e risurrezione. Sulla strada di Emmaus Gesù richiama le scritture per aiutare i due discepoli a superare il blocco della sofferenza e della morte: "Non bisognava che il Cristo patisse queste sofferenze per entrare nella sua gloria?". Prima dell'Ascensione la scrittura serve ai discepoli per comprendere la morte e la risurrezione come punto culminante del disegno salvifico di Dio: "Il Cristo patirà e risorgerà dai morti il terzo giorno e nel suo nome saranno predicati a tutti ai popoli la conversione e il perdono dei peccati". Un evento che è già accaduto, infatti, i discepoli sono stati costituiti missionari di tale esperienza, ma è anche un mistero che deve rimanere vivo grazie al loro annuncio e alla loro testimonianza. Salendo al cielo Gesù affida ai suoi questo compito che richiede la fede dell'accoglienza e la forza per l'annuncio. Come, e soprattutto con quale forza potranno obbedire a questo comando quando i confini del mondo diventeranno ostacolo alla realizzazione delle parole di Gesù? Sembra quasi che Gesù salendo al cielo affidi il carico di questa missione totalmente ai discepoli, e che il suo compito sia terminato, da una parte con la sua morte e risurrezione e con la relativa spiegazione dall'altra. In realtà Gesù stesso rivela che la sua missione non è conclusa ma che continua nel mandato ai discepoli. Nel momento dell'ascensione l'evangelista non manca di raccontare l'ultima azione di Gesù sui discepoli: "E alzate le mani li benedisse". Quello che a livello narrativo può sembrare un semplice dettaglio, diventa illuminante per la comprensione dell'evento se ne riconosciamo il suo valore teologico. La prima allusione presente nella nostra mente è al libro della Genesi, dopo la creazione dell'uomo e della donna Dio li benedice, cioè dona loro la capacità di realizzare la somiglianza richiesta. Nel nostro caso la benedizione di Gesù in linea con Genesi ci chiede di leggere l'azione salvifica di Cristo, che culmina con l'Ascensione, come una "Nuova creazione" in cui la Chiesa nascente è dotata della stessa opportunità della prima famiglia umana. Se a quest'allusione aggiungiamo i riferimenti lucani al patriarca Abramo e all'importanza della Benedizione promessa alla sua discendenza (Cfr. 3,8-9; 16, 19-31), allora mettere vicini Conversione, Benedizione e Promessa dello Spirito santo è per l'evangelista il modo più semplice per mostrare quello che Paolo dimostra in Galati 3, in cui Benedizione e Dono dello Spirito vengono a coincidere. Ecco che Gesù inizia a dare immediatamente ciò che ha promesso: "Ecco, io mando su di voi colui che il Padre mio ha promesso".

PENTECOSTE

LO SPIRITO È LA VITA NUOVA

At 2,1-11;

Sal 103;

Rm 8,8-17;

Gv 14,15-16.23-26.

Vivere! Vivere in pienezza e per sempre! È stato questo il grido spontaneo dell'uomo fin dalle sue origini. Ma il peccato lo aveva chiuso in sé stesso e condotto al fallimento. Lo Spirito, il soffio di Dio ci offre la possibilità della vera vita. Dio, nella sua realtà più profonda, è scambio di dono, e questa realtà è resa accessibile all'uomo in Gesù Cristo. Il Padre e il Figlio legati nella reciprocità, si riconoscono nello Spirito, amore sostanziale, al quale l'uno e l'altro danno la piena realtà. Si tratta di una verità che umanamente è impossibile comprendere pienamente; le sue conseguenze sono ad ogni modo prodigiose per l'uomo: con la partecipazione dello Spirito egli è trasportato nel dinamismo della vita divina. Questo dinamismo capace di ricreare il cuore corrotto dell'uomo e di orientarlo verso il Signore, viene riconosciuto dalla fede cristiana con il nome di una persona vivente, Spirito Santo. La liturgia della domenica di Pentecoste dell'anno C ci racconta l'agire storico di Dio attraverso il dono dello Spirito, mediante il succedersi di tre momenti. Il primo: il brano evangelico tratto dal vangelo di Giovanni presenta lo Spirito come promessa, lo definisce non nella sua identità, ma nella sua funzionalità, nella sua relazione da una parte con le altre persone della Trinità, dall'altra con l'uomo. Il secondo momento: il brano degli Atti degli Apostoli, ci racconta il "compimento", come lo Spirito Santo è stato donato, anche Luca non si preoccupa di definire lo Spirito, ma si concentra a descrivere il "come" avviene e soprattutto l'effetto sui discepoli. Nel terzo: i versetti della pericope della lettera ai Romani, l'apostolo Paolo ci spiega che cosa significa essere abitati dallo Spirito Santo.

Quando parliamo di amore, dobbiamo tenere presente che non è, come a volte si pensa, una realtà astratta, ma concreta e dinamica. La sua concretezza è legata al soggetto amante, per questo nel rapporto Dio–uomo, l'amore che dimora nel cuore umano, è in continuo divenire e questa crescita è legata strettamente al dono che riceve da Dio. C'è un momento iniziale: questo viene definito da Gesù come accoglienza, obbedienza ai comandamenti, ascolto della sua parola. Quest'atteggiamento "permette" la preghiera del Figlio al Padre e il conseguente dono del Consolatore. Il termine stesso definisce lo Spirito riguardo a "Noi", il Consolatore colui che si mette accanto, che rende possibile il dimorare del Padre e del Figlio in noi, viene ulteriormente caratterizzato dal "rimanere con voi per sempre", dal "v'insegnerà ogni cosa", e dal "vi ricorderà tutto ciò che io vi ho detto". Tutto questo permette la risposta all'amore del Padre e del Figlio e fa entrare ogni uomo nel dinamismo di amore trinitario.

Luca racconta il compimento della promessa dello Spirito come un evento comunicativo. Lo Spirito, difficile da afferrare e descrivere, viene mandato da Dio, entra in modo dirompente nella casa e nel corpo dei discepoli e opera una trasformazione. Come il vento, uno, capace di riempire la casa; come il fuoco, molteplice, si posa su ciascuno e dà possibilità di parlare in altre lingue. Per Luca l'azione dello Spirito è fondamentale strumento di annuncio, la Parola nella sua corsa deve raggiungere i confini del mondo, affinché ogni uomo possa ascoltare l'opera di Dio, Gesù Cristo. Si crea così nuovamente l'opportunità di amare Gesù e di osservare la sua parola, di entrare in comunione con il Figlio e con il Padre, di vivere la vita divina attraverso lo Spirito.

È questo che intende Paolo quando parla di "dominio", lo Spirito, infatti, è l'unico capace di dare vita al nostro corpo morto a causa del peccato: "E se lo Spirito di colui che ha risuscitato Gesù dai morti abita in voi, colui che ha risuscitato Cristo dai morti darà vita ai vostri corpi mortali per mezzo del suo Spirito che abita in voi". Lo Spirito che abita in noi ci aiuta a far morire le opere del corpo e vivere la vita rinnovata dalla sua presenza trasformante. La vita di cui stiamo parlando è dinamismo divino, che guida l'uomo alla figliolanza divina. Come prima cosa lui attesta a noi chi siamo diventati: "Lo Spirito stesso attesta al nostro spirito che siamo figli di Dio, e se siamo figli siamo anche eredi: eredi di Dio, coeredi di Cristo, se veramente partecipiamo alle sue sofferenze per partecipare alla sua gloria." perché il Padre si possa compiacere in noi come continuamente si compiace del suo Figlio diletto. Prendendo coscienza della realtà di "Figli", per mezzo dello stesso Spirito possiamo gridare. "Abbà, Padre!".

ANNO C

TEMPO ORDINARIO

II DOMENICA DEL TEMPO ORDINARIO

GESÙ COSTITUISCE UNA NUOVA FAMIGLIA, QUELLA DEI DISCEPOLI

Is 62,1-5;

Sal 95;

1Cor 12,4-11;

Gv 2,1-12.

Il tempo liturgico del Natale ci ha lasciato rivelandoci l'identità di Gesù: i magi con i loro doni e loro gesti ne riconoscono la regalità e la divinità, nel battesimo il Padre attesta la figliolanza divina e ci ricorda che l'unico modo per fare esperienza del suo amore è incontrare "l'amato" in cui lui si è compiaciuto. La seconda domenica del tempo ordinario raccoglie il testimone della manifestazione divina e attraverso il vangelo secondo Giovanni ci conduce a cogliere l'identità divina di Gesù nel suo primo miracolo a Cana di Galilea. Quando parliamo di epifania, non possiamo ridurre tutto a un dato informativo, come se Gesù e la sua identità fossero un freddo dogma da cogliere e registrare, la rivelazione in se stessa contiene un legame stretto con l'agire storico di Gesù e la nostra vita concreta.

Il brano evangelico non si limita a raccontare un episodio in cui il miracolo operato da Gesù ci aiuta a comprendere qualcosa che è umanamente impossibile: la trasformazione dell'acqua in vino. Il testo, attraverso alcune sottolineature simboliche e tensioni testuali ci costringe a comprendere quanto il miracolo stesso e le parole di Maria e Gesù vogliono rivelare. Il brano ha un'introduzione brevissima (vv. 1-2) in cui vengono introdotti il tempo, lo spazio e i personaggi; poi una parte centrale (vv. 3-10) che racconta la complicazione e la risoluzione del problema, in cui il narratore dà spazio ad alcuni dialoghi che nascondono equivoci e sottintesi; la parte finale (vv. 11-12) in cui il racconto viene sciolto con un commento del narratore, ma che, di fatto, ci presenta il risultato delle "diverse trasformazioni".

La "prima stranezza" a livello narrativo si può cogliere nell'introduzione, sembra che l'evangelista chieda al lettore di cogliere l'arrivo a Cana di Gesù e Maria in modo separato, sarebbe stato molto più semplice dire: "Erano presenti Gesù, sua Madre e i suoi discepoli" come volutamente fa alla fine. La tensione testuale più grande si presenta nel momento in cui viene a mancare il vino, per la seconda volta il narratore riferisce di Maria come la "Madre di Gesù", questa indicazione prepara il dialogo tra madre e figlio, il versetto che fa discutere tanto e che diventa la chiave di lettura di tutto il brano. Quello che crea problemi è la risposta che Gesù dà alla madre: "Cosa [c'è] tra me e te, donna", mentre il narratore aveva insistito fino a questo momento indicando Maria come "Madre di Gesù", Gesù si rivolge a lei con l'appellativo "Donna" e mette una certa distanza relazionale. Solo in apparenza questo può dare fastidio al lettore, infatti, chi conosce il Vangelo di Giovanni sa che in altre tre occasioni Gesù usa quest'appellativo, al capitolo quattro riferito alla Samaritana (4,21), al capitolo 8 riferito all'adultera (8,10) e al capitolo diciannove, sotto la croce (19,26), riferito a Maria. In questi episodi, come nel nostro, sembra che Gesù usi quest'appellativo per invitare l'interlocutore a entrare in una relazione diversa con lui, a operare un cambiamento, chiede un riconoscimento diverso da quelle delle apparenze e attraverso questo una trasformazione esistenziale per entrare nella sequela. Concretamente, attraverso l'appellativo e la durezza della frase "Che c'è tra me e te", Gesù sta chiedendo a Maria di entrare nella relazione messianica, la invita a diventare discepola. Tutto ciò trova conferma nelle parole di Maria "Fate quello che vi dirà", che dimostra non solo che la madre ha capito quello che il figlio ha detto ma che l'ha accolto e ne è diventata testimone. Essere discepoli significa anzitutto fare quello che Gesù dice, solo così è possibile operare miracoli di trasformazione, non solo di cose ma soprattutto di persone.

Il miracolo stesso nel suo dinamismo diventa un incontro tra la parola di Gesù e l'ascolto dei suoi interlocutori, diventa possibile perché Gesù parla e i servi lo ascoltano, infatti, Gesù non fa nessun gesto "magico" ma chiede ai servi di fare le cose più semplici, riempire le giare e attingere. Nell'obbedienza (ascolto) della parola nasce la fede che rende possibile il miracolo. La "bontà del vino" dipende sì dalla bontà di Gesù che rivela la sua gloria, ma anche da coloro che si aprono a questa gloria trasformante. "I suoi discepoli cedettero in lui". È il risultato di quello che Gesù ha manifestato. Ma l'evangelista in modo molto più sottile ci ha fatto capire che il miracolo di trasformazione è iniziato prima: nel momento in cui alla richiesta della Madre, Gesù pone la domanda, che oggi forse rivolge a noi "Che c'è tra me e voi uomini?" Attraverso questa domanda Gesù apre la strada della sequela che ci aiuta a diventare discepoli e fratelli, perché questa è la famiglia di Gesù come fa notare alla fine il narratore: "Dopo questo fatto, discese a Cafàrnao insieme con sua madre, i suoi fratelli e i suoi discepoli e si fermarono là solo pochi giorni". Se Gesù e la madre erano arrivati a Cana separatamente, ora vanno via insieme ai discepoli e ai fratelli. Il miracolo operato da Gesù non ha salvato solo il matrimonio, ma costituisce una nuova famiglia in cui il legame è costituito dalla parola di Gesù e dalla fede dell'uomo.

III DOMENICA DEL TEMPO ORDINARIO

GESÙ COMPIE LA PROMESSA

Ne 8,2-4.5-6.8-10;

Sal 18;

1Cor 12,12-30;

Lc 1,1-4; 4,14-21.

"Ma quando giunse la pienezza del tempo, Dio inviò suo Figlio, nato da donna, nato sotto la legge, per riscattare quelli che erano sotto la legge, affinché ricevessimo l'adozione a figli" (Gal 4,4-5). Quando parliamo di gioia e misericordia nella Bibbia, non possiamo non considerare il contenuto di questo passo, dove l'amore del Padre giunge a noi attraverso il Figlio e possiamo sperimentare la misericordia della paternità. La gioia e la misericordia, infatti, caratterizzano il tema della terza domenica del tempo ordinario.

La lettura di Neemia ci presenta il popolo che, tornato dall'esilio, decide che la via da seguire è quella della legge divina. Proclamando questa legge inizia una nuova vita: smettere di guardare al passato, contrassegnato dal male, si guardi attraverso la parola di Dio al futuro, e questo è possibile perché, nel momento in cui si proclama la parola, il Signore è presente ("s'inginocchiarono e si prostrarono con la faccia a terra dinanzi al Signore"), e la sua gioia diventa la loro forza.

La gioia è uno dei temi che caratterizza il vangelo di Luca. L'evangelista lo propone a tutti gli amanti di Dio perché si possano rendere conto della solidità degli insegnamenti ricevuti. La gioia che gli angeli avevano annunciato ai pastori per la nascita del Salvatore si manifesta nella sinagoga di Nazareth in cui Luca vuole dare avvio al ministero pubblico di Gesù. Quasi a voler rispettare la pedagogia e la coerenza del Padre, il Figlio nella "casa della Parola" legge sé stesso con parole umane perché il Verbo si è fatto carne ed è venuto ad abitare in mezzo a noi. Il testo profetico proclamato non rispecchia perfettamente il passo di Isaia 61,1-2: la citazione fa riferimento al testo dei LXX, dove si parla del "Dono della vista ai ciechi" (assente nel Testo Masoretico), tralascia "Fasciare i cuori spezzati", riporta la "Liberazione degli oppressi" che in senso letterale è presente in Isaia 58,6, e termina facendo riferimento all'anno di grazia (Lv 25).

Si è discusso tanto sul perché la citazione di Isaia venga troncata nel momento in cui si parla di "Giorno di vendetta del nostro Dio": sono state proposte tante interpretazioni, tra le altre quella di Benedetto XVI sembra quella più utile per vivere l'"Anno della Misericordia": «Ascoltiamo con gioia l'annuncio dell'Anno della Misericordia, la misericordia divina pone un limite al male. Gesù Cristo è la misericordia divina in persona, incontrare Cristo significa incontrare la misericordia di Dio. Ma cosa vuol dire Isaia quando annuncia "Il giorno di vendetta per il nostro Dio?" Gesù a Nazareth, nella sua lettura del testo profetico, non ha pronunciato queste parole, ha concluso annunciando l'anno della misericordia. Il Signore ha offerto un commento autentico a queste parole con la morte in croce. La misericordia di Cristo non è una grazia a buon mercato, non suppone la banalizzazione del male. Cristo porta nel suo corpo e nella sua anima il peso del male, tutta la sua forza distruttiva. Egli brucia e trasforma il male nella sofferenza, nel fuoco del suo amore sofferente. Il giorno della vendetta e l'anno della misericordia coincidono nel mistero pasquale, nel Cristo morto e risorto. Questa è la vendetta di Dio, egli stesso nella persona del Figlio, soffre per noi. Quanto più siamo toccati dalla misericordia del Signore, tanto più entriamo in solidarietà con la sua sofferenza – diventiamo disponibili a completare nella nostra carne "Quello che manca ai patimenti di Cristo" (Col 1,24)».

Il nome dell'unto del Signore e la menzione dell'anno giubilare annunciano insieme il compimento definitivo della volontà di Dio: "Oggi per voi si è adempiuta questa scrittura che voi avete udito". Il compimento visibile della Scrittura è avvenuto in occasione del Battesimo di Gesù, ora con l'annuncio, proclamare pubblicamente indica che la salvezza entra in vigore con la parola, la notizia viene fatta ascoltare. Il testo di Isaia viene usato per illustrare la missione messianica di Gesù, la sua attività è presentata alla luce dell'anno giubilare di grazia. Questa istituzione anticotestamentaria, forse mai attuata, viene riletta da Isaia come un tempo di benevolenza, misericordia e salvezza offerte da Dio. Nell'anno giubilare, la terra, il dono del Padre ai figli, deve essere ridistribuita tra i fratelli, questa è la condizione contenuta nella promessa, diversamente non c'è che la via dell'esilio. Gesù realizza l'anno sabbatico definitivo, compimento della creazione di Dio, con la sua presenza ci annuncia che la Paternità si vive nel concreto nella fraternità, e che la fede nel Figlio di Dio diventa giustizia tra gli uomini. La sua parola non è un commento alla promessa di Dio, è il "Vangelo", la buona notizia che è venuta tra noi e, colui che la realizza: adempierla significa percorrere la via che va dalla Scrittura alla storia, dalla promessa alla realizzazione. Gli uditori si trovano davanti a colui che compie la promessa, la scrittura si realizza oggi nelle orecchie di chi ascolta.

IV DOMENICA DEL TEMPO ORDINARIO

L'ANNO DI GRAZIA È GESÙ

Ger 1,4-5.17-19;

Sal 70;

1Cor 12,31-13,3;

Lc 4,21-30.

"Per mezzo del Battesimo, dunque, siamo stati sepolti insieme a lui nella morte affinché, come Cristo fu risuscitato dai morti per mezzo della gloria del Padre, così anche noi possiamo camminare in una vita nuova." (Rm 6,4). Quando parliamo di conversione, la tentazione è di ridurre il concetto e il processo a un fare etico, che molte volte si riduce a un non fare. Questa frase di S. Paolo non solo ci riporta alla giusta comprensione, ma ci rimette sul retto cammino. La conversione, infatti, comporta una trasformazione operata da Dio e un cambiamento nostro tale da arrivare alla morte dell'uomo vecchio e alla rinascita dell'uomo nuovo. Ogni trasformazione e ogni cambiamento hanno come punto di partenza Gesù Cristo che irrompe nella nostra vita per portare la novità della misericordia, ma che nello stesso tempo chiede necessariamente la risposta dell'uomo disposto a ritornare, tornare a Dio per mezzo di Gesù Cristo, per rinascere.

Quando Gesù giunge nella sinagoga a Nazareth e proclama il passo di Isaia, rende presente e accessibile la grazia di Dio nell'oggi dell'uomo, in uno spazio e in un tempo ben preciso. La grazia della salvezza e della vita nuova che entrano nel mondo con Gesù Cristo sono state desiderate e tante volte richieste, non solo dal popolo d'Israele, ma da tutti gli uomini, e oggi da noi. Così dobbiamo pensare i cittadini di Nazareth, in attesa, pronti ad accogliere ciò che da tanto stavano aspettando, e in questa linea va interpretata la frase che il narratore pone come reazione alle parole di Gesù: «Tutti gli rendevano testimonianza ed erano meravigliati dalle parole di grazia che uscivano dalla sua bocca e dicevano: "Non è il figlio di Giuseppe"». A differenza di quello che riporta l'evangelista Marco, per Luca a Nazareth, in un primo momento i concittadini di Gesù sono contenti di quello che Lui ha detto, e l'interrogativo stesso all'interno della reazione sembra orientato all'accettazione. Alla fine del brano, però, il loro atteggiamento nei confronti di Gesù è mutato tanto che vogliono buttarlo giù dal precipizio. Cos'è successo per fare cambiare parere? Cos'è accaduto allora, ma cosa succede oggi, che il "politicamente corretto" di alcune associazioni occulte e dominanti ci invita, e a volte ci costringe, a mutare parere su Gesù e ci rende incapaci di dare testimonianza?

La risposta, allora come oggi, viene data dalle parole di Gesù che svelano i pensieri nascosti dei cuori che temono di convertirsi per paura di morire. Solo lui riesce a leggere questa paura e a indicare una strada di guarigione. La conversione operata da Gesù nella sua città prevede due momenti: come prima cosa denunciare la pretesa di voler ottenere la grazia solo in base al loro status, la seconda non voler fare nessuno sforzo per accogliere questa novità. "Medico cura te stesso", rende manifesto il desiderio del popolo di essere curati da Gesù solo per il fatto di essere compaesani. "Nessun profeta è bene accetto in patria", apre una nuova prospettiva. In questo caso Gesù porta l'esempio di due profeti, Elia ed Eliseo, che hanno operato anche in terra straniera. Attraverso due episodi concreti Gesù cerca di educare il popolo di Nazareth alla conversione. Non basta essere concittadini di Gesù, e volendo allargare, non basta essere Israeliti, per ottenere i beni messianici. Non basta essere battezzati per ottenere la misericordia di Dio. La grazia dell'anno giubilare ha bisogno della conversione.

A confermare quest'interpretazione, oggi come allora, ci sono le parole di Giovanni Battista che, nel preparare la venuta del Messia, aveva intimato: «Fate frutti degni di conversione e non cominciate a dire tra voi. "Abbiamo Abramo come padre!" Perché io vi dico che da queste pietre Dio può suscitare figli di Abramo" (Lc 3,8)». La conversione è difficile e faticosa perché richiede "sacrificio", ma è necessaria per accogliere la grazia della nuova vita: "Nessuno versa vino nuovo in otri vecchi, altrimenti il vino spaccherà gli otri, e si perdono vino e otri, ma vino nuovo in otri nuovi" (Mc 2,22). Non basta neppure il rifiuto della conversione a fermare la missione di Gesù: "Ma egli passando in mezzo a loro si mise in cammino". L'anno di grazia è Gesù, che sfugge a ogni potere occulto che cerca di ucciderlo, e che si mette in cammino per portare la misericordia del Padre a chi la desidera con cuore sincero.

V DOMENICA DEL TEMPO ORDINARIO

IL PRODIGIO DELLA PESCA FUNZIONALE ALLA CONVERSIONE DI PIETRO

Is 6,1-8;

Sal 137;

1Cor 15,1-11;

Lc 5,1-11.

Quante volte in un momento di difficoltà, indecisione o sofferenza abbiamo detto "Sia fatta la volontà di Dio". Quest'espressione si scontra spesso con i nostri desideri e la nostra logica, ma anche con i nostri bisogni e le nostre necessità. Guardando alla missione di Gesù, al suo percorrere le strade della nostra vita, ci chiediamo se è venuto a farsi vicino a noi e alle nostre necessità, o avvicinare noi e i nostri bisogni al "Regno di Dio"; all'uomo che cerca di vederlo, Gesù risponde: "Il Figlio dell'uomo, infatti, è venuto a cercare e a salvare ciò che era perduto" (Lc 19,9). Come per l'uomo l'opzione fondamentale guida tutte le altre scelte così per Dio, tutti i momenti di grazia rientrano in questa ricerca e salvezza. Quello che può sembrare un semplice miracolo o una chiamata personale in realtà manifesta una tappa della volontà salvifica di Dio che segue una pedagogia e un cammino particolare in cui la responsabilità e la collaborazione umana entrano pienamente. Il brano evangelico che ci propone la V domenica è inserito da Luca tra le attività fondamentali di Gesù: scacciare i demoni, guarire gli ammalati, predicare il vangelo; prerogative esclusive di Gesù. La chiamata dei discepoli completa le attività esclusive e ha la funzione di farci vedere come Gesù associ l'uomo alla sua missione.

L'inizio della pericope è particolare. Entra in scena per prima la folla che fa ressa per ascoltare la parola di Dio. Il narratore, in questo modo, ci vuole informare della necessità di ascoltare manifestata apertamente. Davanti a questo bisogno c'è Gesù che sta là, vede, sale, chiede, insegna e infine propone a Simone di prendere il largo. Non sono gesti meccanici legati al caso o alla giornata, ma sono legati a dei bisogni e a una precisa volontà che manifesta un disegno divino. Per capire questo disegno è utile porsi una domanda: "Perché Gesù quel giorno si reca sulla riva del lago di Galilea?". Ci aiuta a rispondere a questa domanda la profezia di Geremia "Ecco io invierò numerosi pescatori a pescarli" (16,16), Gesù è là per "pescare" e ha una rete, la Parola di Dio, la sua Parola.

"Vide due barche", lo sguardo di Gesù vede la soluzione al bisogno che l'evangelista ha già fatto notare (vv. 42-43), le barche non servono solo per pescare, ma per insegnare e per "vocare". Per chiamare è necessario scostarsi un poco da terra, andare verso il profondo e calare una rete speciale, la parola di Gesù. Questa rete avvolge la vita di Pietro, entra, dove lui pensa di non avere bisogno di consigli perché sa bene come vanno le cose: si pesca di notte. Una variabile non contemplata condiziona tutto quello che umanamente è stato calcolato dall'esperienza. Quello che diventa strano non è la quantità di pesce, ma il tempo e la causa che decide il tempo, cioè la Parola di Gesù. Di solito la pesca ha i suoi tempi e una certa casualità, in questo caso, variabili e invariabili diventano controllabili dalla parola di Gesù.

Gesù vuole invitare Pietro a pescare con lui, ma nella pedagogia del Maestro è necessario, prima, pescare con il discepolo, per questo il Figlio di Dio si è fatto uomo per condividere la vita degli uomini, perché essi possano condividere la vita di Dio attraverso la missione. Pietro ancora non sa tutto questo, nella semplicità deve decidere se fidarsi della sua esperienza o della Parola di Gesù. "Però sulla tua parola, getterò le reti", nel momento in cui l'uomo obbedisce alla parola di Dio il miracolo si compie, la notte della fatica sterile del discepolo finisce quando obbedisce alla parola, e quindi il prodigio della pesca è funzionale al miracolo della conversione di Pietro. Il versetto otto corrisponde in una certa misura al versetto due, infatti, allo sguardo di Gesù che vede la soluzione alla necessità corrisponde lo sguardo di Pietro che nella parola del Maestro che si realizza riesce a cogliere sé stesso. La reazione di Simone è un riconoscimento di sé stesso in relazione all'Altro, così come confermano le sue parole. Pietro si riconosce peccatore in riferimento a Gesù, legge ciò che ha fatto Gesù come una rivelazione della sua identità. Il recipiente della grazia è la scoperta di essere peccatori, sa di non essere quello che deve essere e si sente indegno. La sua sterilità, il suo peccato riconosciuto e la lontananza del Signore, sono il luogo non del suo fallimento, ma della sua chiamata. Gesù restituisce a Simone, e all'uomo, la sua dignità, la dignità di collaborare con lui: "Non temere da questo momento sarai pescatore di uomini". Tra l'indigenza della folla e ciò che i pescatori offrono c'è lo sguardo di Gesù che chiama e aspetta la risposta di chi è capace di vedere tutto questo.

VI DOMENICA DEL TEMPO ORDINARIO

IL TEMPO DELLA FELICITÀ INIZIA CON LA FEDE

Ger 17,5-8;

Sal 1;

1Cor 15,12.16-20;

Lc 6,17.20-26.

Da sempre e in diversi ambienti sentiamo parlare di felicità, c'è chi la cerca, chi la definisce, chi la descrive e infine chi la racconta. Il discorso non tocca solo una parte della società e neppure un'età precisa della nostra vita, ma è trasversale. Sembra quasi che questo dono sia talmente legato all'uomo da esserne iscritto nella sua stessa natura, ed è nello stesso tempo paradossale che l'uomo non riesca mai a raggiungerlo. La letteratura, il cinema ci regalano piccole perle da postare sui social: "La felicità si può trovare negli attimi più tenebrosi, se solo si ricorda … di accendere la luce" (Albus Silente in "Harry Potter, III libro, Il prigioniero di Azkaban" di J, Rowling); "Tutte le famiglie felici si assomigliano; ogni famiglia infelice è invece disgraziata a modo" ("Anna Karenina" di Lev Tolstoj); ma concretamente poi ci troviamo a fare i conti con la realtà economica politica e sociale in cui la comunità si rivolge ai consumatori e dice: "Per essere felici comprate …"; "Accelerate la crescita, create una società e domani le vostre preoccupazioni spariranno". L'idea fondamentale è sempre la stessa: la felicità è data dalla disponibilità delle cose, il cui possesso può essere personale o collettivo. Il risultato è un mondo sempre più violento nel quale il desiderio e l'invidia scagliano gli uomini gli uni contro gli altri.

L'intera Bibbia, e in modo particolare i Vangeli propongono un orientamento dell'esistenza completamente opposto, la felicità, per il vangelo la beatitudine, è data dal non avere, e la tristezza, sempre nel Vangelo i guai, viene dal possedere. La beatitudine è il risultato di ciò che Dio fa per noi e la tristezza il frutto di ciò che noi facciamo esclusivamente per noi stessi.

Già il profeta Geremia nell'Antico Testamento avvisa il popolo di questo pericolo: "L'uomo maledetto, è l'uomo che confida nell'uomo, pone nella carne il suo sostegno e dal Signore allontana il suo cuore". La descrizione che segue non è solo indicativa ma oserei dire appellante: È come un tamerisco nella steppa incapace di vedere il bene, aspettante la morte. In questa descrizione l'uomo è costretto a un certo fissismo dovuto alle sue incapacità, si è concentrato su sé stesso e ora non può, non può non solo fare ma non può vedere il bene. Al contrario l'uomo che confida nel Signore viene trasformato, la sua condizione è uguale a quella di un albero piantato lungo i corsi d'acqua, deve semplicemente stendere le sue radici e nutrirsi. È l'acqua, la vita, Dio, che gli permettono di vivere sempre, di essere fecondo. Il profeta ci fa capire che la felicità non è solo legata alla nostra vita ma la costituisce nella sua eternità e nella sua fecondità.

Quando Gesù inizia a esplicitare il suo messaggio del regno la prima parola che pronuncia è: felicità. Il regno di Dio è il completamento e la pienezza della felicità data e cercata. Essa inizia già in questa vita attraverso le parole di Gesù e il dono della sua stessa vita. Il termine che il Vangelo usa è "Beati", esso indica una felicità che ha che fare con Dio, non uguale a quella degli uomini che in ogni momento e da qualunque cosa può essere intaccata, disturbata e addirittura distrutta. È la felicità stessa di Dio, priva di preoccupazioni, che il Figlio Gesù Cristo è venuto a condividere. A condividere, come ci ricorda S. Paolo nella Prima lettera ai Corinzi, con la sua vita morte e risurrezione. La sua risurrezione è la primizia di tutti coloro che muoiono nella sua morte e dona speranza non solo per questa vita terrena ma anche per la vita futura. Le quattro beatitudini. che l'evangelista Luca oppone ai quattro guai, devono essere valutate e comprese bene. La prima riguarda la povertà e sembra essere considerata uno status che il cristiano deve avere, la seconda e la terza qualificate a livello temporale da "Che ora" sono legate a una situazione di fame e di pianto e insieme alla quarta rimandano a un altro "quando", un tempo futuro in cui verrà data la ricompensa. Le quattro beatitudini fanno intendere che il cambiamento di stato necessario può avvenire solo ed esclusivamente a "causa del Figlio dell'uomo". La confidenza e la fiducia di cui parlava il profeta Geremia si concretizzano nell'atto di fede che l'uomo pone nella morte e risurrezione di Gesù Cristo e che automaticamente lo costringe a rinunciare alle false sicurezze, che vengono non solo dalle cose materiali ma dallo stesso uomo che le produce pensando di trovare la felicità che solo Dio può dare.

VII DOMENICA DEL TEMPO ORDINARIO

L'AMORE DI DIO VINCE LA MORTE

1Sam 26,2.7-9.12-13.22.23;

Sal 102;

1Cor 15,45-49;

Lc 6,27-38.

"La vita è una lotta", quante volte ci siamo trovati a ripetere questa frase in diverse circostanze della nostra vita! Magari in un momento di sofferenza o di semplice difficoltà, oppure nel momento in cui avevi sperato che il periodo brutto fosse finito e un nuovo ostacolo si è presentato nel tuo cammino. La certezza che la vita sia faticosa non è solo un fatto esperienziale ma anche una luce che viene dalla fede e dalle parole stessa della Sacra Scrittura, Gesù nel "Discorso della montagna" dice che "A ogni giorno basta la sua pena" (Mt 6,34); l'apostolo Paolo più di una volta, parlando della sua vita e del suo ministero, ci racconta delle battaglie da lui affrontate, nella Seconda Lettera ai Corinzi, "parlando secondo la carne" del suo essere ministro di Cristo, elenca tutte le difficoltà che ha dovuto affrontare (2Cor 11,16-31), prima di morire descrive la sua vita in questo modo: "Ho combattuto la buona battaglia, ho terminato la corsa, ho conservato la fede" (2Tm 4,7). La vita è una lotta dove c'è una guerra fatta di tante battaglie, ci sforziamo con tutti gli strumenti possibili ed immaginabili di vincere i singoli conflitti, ma sotto sotto abbiamo continuamente la sensazione che alla fine deporremo con onore le armi davanti alla sorella morte che ci aspetta per l'ultimo scontro. Con la coscienza che abbiamo fatto tutto quanto dovevamo fare ma che contro la morte non potevamo fare altro. Questo sentimento è un pensiero cattivo che viene dal maligno che ci vuole far dimenticare tutto quello che Dio ha fatto e fa per noi, Lui che nel Figlio Gesù Cristo ci ha resi vincitori della morte, davanti alla quale possiamo dire: "Dov'è, o morte, la tua vittoria? Dov'è, o morte, il tuo pungiglione? Il pungiglione della morte è il peccato e la potenza del peccato è la legge. Siano rese grazie a Dio che ci concede la vittoria per mezzo di Gesù Cristo" (1Cor 15,54-57). È lui l'uomo nuovo in cui tutti dobbiamo portare l'immagine dell'uomo celeste. Ma in realtà che cosa significa "E come abbiamo portato l'immagine dell'uomo di terra, così porteremo l'immagine dell'uomo celeste" (1Cor 15,49)? Non si tratta di condividere l'amore con cui Egli ci ha amati? Non si tratta di fare nostro l'unico strumento davanti alla quale anche la morte fuggirà? L'umanità che fatica in questa lotta ha cercato e cerca ancora nella sua terrena natura, fatta anche di speculazioni e ricerche scientifiche, di andare oltre il suo "essere di terra", ma solo alla fine davanti a sorella morte prende coscienza che l'unico modo per vincere la guerra con la morte è l'amore di Dio in Cristo Gesù.

Di questo amore, della sua importanza e della sua ricerca ne parla, come sempre, la Bibbia, ce ne parla anche la liturgia della parola di questa VII domenica del tempo ordinario. Davide diventerà re perché è stato scelto da Dio e perché riesce a riconoscere l'importanza di questa consacrazione anche nel suo nemico, il re Saul. Il figlio di Iesse aveva nelle sue mani la vita di colui che lo stava inseguendo per ucciderlo, poteva eliminarlo giustificando a sé stesso tale atto come legittima difesa, ma non poteva giustificarlo davanti a Dio. Per poter portare l'immagine di Dio è necessario riconoscere l'immagine di Dio anche nel nostro nemico. Non è un tipo di conoscenza che si acquisisce attraverso l'intelligenza o altre capacità umane, ma è un dono che solo l'ultimo Adamo può dare, poiché egli è divenuto "spirito datore di vita".

Certo quando sentiamo parlare Gesù dell'amore verso i nemici, di benedire coloro che ci maledicono, di porgere l'altra guancia, di dare a coloro che ci chiedono, prendiamo coscienza che queste parole sono dure, difficili da mettere in pratica, che si scontrano con la realtà della stessa bellezza, con il desiderio che abbiamo per noi: "Quanto dunque desiderate che gli uomini vi facciano, fatelo anche voi a loro" (Mt 7,12), ci scontriamo con la realtà del nostro peccato, "anche i peccatori fanno lo stesso". Ci accorgiamo di non poter amare il nostro peccato perché ci impedisce di amare come Dio comanda, percepiamo che il pungiglione della morte è il peccato e la potenza del peccato è la legge (cfr. 1Cor 15,56). Riconosciamo che la nostra "misericordia" non può, ma deve necessariamente attingere alla misericordia di Dio Padre. Il Padre misericordioso e giusto che blocca la nostra giustizia, - non solo quella che cerchiamo nei confronti degli altri uomini, ma anche e soprattutto quella presuntuosa che molte volte rivolgiamo verso noi stessi, - Lui attraverso il perdono dei peccati, il dono dello Spirito del Figlio che dona al mondo ogni bene in misura pigiata scossa e traboccate, ci rende capaci del comando di Gesù Cristo, "Siate misericordiosi, come è misericordioso il Padre vostro".

VIII DOMENICA DEL TEMPO ORDINARIO

IL GIUDIZIO COME DONO DI DIO

Sir 26,4-7;

Sal 91;

1Cor 15,54-58;

Lc 6,39-45.

Chi non si augura di costruire un mondo contrassegnato dall'amore e dalla pace? Ma spesso la nostra attenzione a favore di questo mondo comincia con un giudizio sugli altri, su quelli che ci hanno preceduti, ma anche su quelli che ci seguiranno, le generazioni che prenderanno il nostro posto. Così facilmente prendiamo il posto di Dio a cui solo appartiene il giudizio. In questo modo diventiamo ingiusti verso coloro che ci circondano e ci rendiamo inutili allo scopo. Quindi la soluzione dovrebbe essere quella di sospendere il giudizio, pretendere il "nessuno mi può giudicare", e nello stesso tempo dare all'altro un semplice quanto insignificante "Chi sono io per giudicare?". Non si finisce così per confermare, perpetuare una specie di "relativismo morale-esistenziale"? Non lasciamo al soggetto la solitudine "irrelazionale" che lo costringe di volta in volta a decidere ciò che è bene e ciò che è male? Non annulliamo così i consigli dei contemporanei e l'esperienza dei padri perché condizionanti all'assoluta autodeterminazione? Non c'è bisogno di una riflessione prolungata e profonda per capire che questa pretesa non solo è assurda ma concretamente impossibile. L'esperienza immediata dell'uomo come essere relazionale ci impone di uscire dal nostro relativismo per incontrare l'altro che con la sua sola presenza è già una possibilità di "giudizio" per diventare quello che siamo. Forse per troppo tempo abbiamo considerato l'atto di giudicare solo nell'accezione negativa, cioè condannare l'altro e non correggerlo o guidarlo, forse ci siamo privati di questa capacità che è un dono di Dio, perché prima di ogni cosa abbiamo rifiutato di essere corretti e guidati da Dio, e quindi abbiamo respinto il suo giudizio. Così, infatti, come Dio ci ha dato la capacità di emettere giudizi razionali che ci permettono di conoscere scientificamente, allo stesso modo ci ha dato la capacità di emettere giudizi morali che ci consentono di conoscere e scegliere il bene per raggiungere la felicità. E poiché il vero bene e la felicità non fanno riferimento all' uomo ma a Dio non dovremmo escludere il giudizio dalla nostra vita ma qualificarlo, e proprio quello che ci suggerisce la liturgia della parola di questa VIII domenica del tempo ordinario.

Gesù inizia il suo discorso attraverso due domande retoriche che impongono ai suoi interlocutori una verità basilare: l'uomo nello stato in cui si trova non riesce a trovare dentro sé stesso la capacità di guidare un altro uomo. L'ostacolo che causa questa incapacità si potrebbe rimuovere, ma l'uomo non ha dentro di sé questa forza. In un certo senso Gesù ribalta la pretesa della visione relativa, vuole ricreare una distanza, uno spazio costituito dal giudizio positivo. La pagliuzza diventa trave quando si avvicina troppo all'occhio, l'uomo sotto il peccato non è in grado di giudicare, il suo unico criterio di giudizio è la trave che gli è diventata familiare. Quando guardi le cose dal tuo punto di vista e non da quello di Dio ogni pagliuzza diventa trave. Gesù, allora, indica la nuova strada, il discepolo deve seguire il maestro, la disposizione giusta è quella di colui che sa che può solo imparare, solo attraverso il cammino si può arrivare a correggere e guidare, e dunque anche giudicare. La prima condizione per iniziare il cammino è quella di togliere la trave-pagliuzza, poiché la capacità di giudizio è affidata all'occhio liberato dalla trave: "La lucerna del corpo è l'occhio. Se dunque il tuo occhio è terso tutto il tuo corpo sarà illuminato, ma se il tuo occhio è cattivo tutto il corpo sarà nelle tenebre. Se dunque la luce che è in te è tenebra, quanto sarà l'oscurità?" (Mt 6,22-23). L'occhio vede ma è la bocca a parlare, e poiché "la bocca parla dalla pienezza del cuore", e "l'uomo buono trae il bene dal buon tesoro del suo cuore" è assolutamente necessario che il nostro cuore sia un "buon tesoro". Il libro del Siracide dice che l'uomo che riflette vede i suoi difetti e Gesù ci ricorda che "dal cuore degli uomini procedono tutte le cose malvage" (Mc 7,20-23) è conseguenziale, a questo punto, la necessità che il cuore venga purificato per liberare e rendere buono l'occhio. Lo stesso libro del Siracide ci indica un piccolo percorso: la riflessione per conoscere sé stessi e la conversazione per conoscere l'altro, ma è Gesù che ancora una volta ci fa diventare alberi buoni: il Verbo di Dio è diventato tenda per noi cosicché in quello spazio l'uomo possa trovare la dimensione dell'ascolto. Quando Gesù entra nella sinagoga a Nazareth la prima cosa che dice è: "Lo spirito del Signore è sopra di me, per questo mi ha consacrato e mi ha mandato ad annunciare ai poveri il lieto annuncio" (Lc 4,18): è vero che il povero è una categoria che include tutta l'umanità, ma è altrettanto vero che l'ascolto è la prima e la più grande forma di povertà che si può acquisire, per questo motivo Gesù compie il libro del Siracide e ci fa capire che il percorso si completa e l'uomo diventa albero buono solo se ascolta la parola di Dio, la sola capace di guarire il nostro cuore, rendere puri i nostri occhi e renderci capaci di guidare i nostri fratelli.

IX DOMENICA DEL TEMPO ORDINARIO

LA RIVELAZIONE È UN DONO DI DIO

1Re 8,41-43;

Sal 116;

Gal 1,1-2.6-10;

Lc 7,1-10.

Quale rivelazione divina non finisce per essere manomessa dall'uomo? Anche il cristianesimo e ancor più il giudaismo non sono sfuggiti a questa tentazione, essa si presenta non solo a livello collettivo ma anche e soprattutto a livello individuale. Le prime tentazioni riguardano la possibilità che l'uomo si dà di modificare gli spazi, i tempi e i modi attraverso i quali Dio si rende presente, quasi avendo la presunzione di farli diventare proprietà esclusiva della singola persona. Spessissimo si sente rivendicare la libertà di sostituire, e in un certo senso opporre la preghiera personale alla liturgia Eucaristica, non è raro sentire persone che si scandalizzano che per celebrare i sacramenti bisogna essere battezzati ed esser rimasti fedeli a tale vocazione senza aver rinnegato la fede cristiana né averla accompagnata ad altre religioni. Si arriva ad accusare la Chiesa di non rispettare la misericordia di Dio perché non è aperta a queste "possibilità". Il problema di fondo è che si guarda il cristianesimo, come una "semplice religione", cioè dando al termine stesso un significato riduttivo di pratica religiosa, culto, cerimonia, rito. In questo modo, per il politicamente corretto, tutti gli uomini hanno il diritto, se vogliono, di poter partecipare a tali pratiche, ai riti e alle cerimonie religiose. L'azione di Dio a favore dell'uomo non è più percepita come un dono che ci trasforma, ma come un diritto che l'uomo ha, di conseguenza l'azione umana corrispondente non è più nell'ordine dell'accoglienza ma della pretesa. Guardando la Chiesa come un'istituzione umana la si accusa di essersi appropriata di questo dono e di volerne disporre a proprio piacimento, non solo dell'atto del darlo ma anche nella maniera di custodirlo e di renderlo accessibile. Questo rischio si corre sempre quando non si fa costantemente riferimento alla verità del Vangelo.

Un aiuto per uscire da questi pensieri malvagi, ci viene fornito dall'inizio della lettera di S. Paolo ai Galati, l'apostolo informa i suoi interlocutori che ha potuto annunciare il Vangelo non per iniziativa personale ma perché ha ricevuto il mandato direttamente dal Figlio di Dio. Al Vangelo che gli è stato consegnato è rimasto fedele ed ora può indicare con sicurezza tutte quelle cose che si oppongono e che cercano di modificarlo, esse che nel contesto possono sembrare buone o almeno innocue, diventano cattive perché non sono secondo il disegno di Dio. Non possiamo correre il rischio di fare il paragone con il "sabato", il Vangelo viene annunciato perché quello che Gesù ha detto e ha fatto restituisce l'uomo alla sua vera realtà di figlio di Dio. Aggiungere, togliere e modificare qualcosa significa non solo andare contro il volere divino ma anche privare l'uomo di questa grazia. Detto in questo modo potrebbe sembrare che il dono di Dio sia un blocco talmente rigido che non c'è altra possibilità per l'uomo se non quella di subirlo passivamente, ma non è così anzi. Il Vangelo che è Gesù Cristo è l'apertura totale di Dio all'uomo e alla sua libertà.

Che Dio sia stato sempre aperto nei confronti di ogni uomo ci viene testimoniato dalle pagine dell'Antico Testamento, come ad esempio ci suggerisce la prima lettura di questa domenica, tratta dal 1libro dei Re. Dopo la costruzione del tempio il re Salomone pregando invoca Dio non solo per gli Ebrei ma anche per gli stranieri che si recano in questo luogo santo a causa del suo nome. Ci sono diversi episodi nel Vangelo in cui Gesù incontra dei pagani, viene incontro alle loro necessità e esaudisce le loro richieste, in alcuni casi sono loro che si recano personalmente da Gesù, come la donna siro-fenicia, in altri casi mandano qualcuno, come il centurione il cui servo era ammalato. La cosa più bella che emerge in tutti questi incontri è il comune atteggiamento con cui si avvicinano a Gesù, non c'è una sterile pretesa ma, al contrario, un'apertura di fede feconda. Non solo la fiducia in quello che Gesù può fare, ma la fede che traspare dai loro gesti e dalle loro parole, facendoci vedere come la questa virtù teleologale non è un assenso o un'intuizione, ma un percorso, un vero cammino che ha inizio dalla fama di Gesù, e dall'esperienza umana personale. Il nostro personaggio sa dalla sua vita concreta, che come centurione ha autorità e nello stesso tempo è sottoposto ad autorità, così comprende che anche Gesù ha autorità, un'autorità diversa, può guarire il suo servo senza toccarlo, senza la presenza fisica, può fare questo con la sola parola, può comandare alla malattia e questa deve obbedire. Sembra quasi che nel percorso di questo uomo si inneschi un percorso virtuoso, in cui l'umiltà, la generosità e la fede si rincorrono, non si riesce a capire chi causa e chi dipende dalle altre, certo è che si raggiungono e si danno a turno la possibilità di ripartire. Sicuramente alla base di tutto questo c'è la coscienza della distanza che c'è tra lui e Gesù, quella che necessariamente c'è tra un uomo e il Figlio di Dio, uno spazio che si deve riconoscere e rispettare come tale, che solo Dio ha colmato e può colmare nella libera volontà e nell'obbedienza del Figlio, che non si sottrae al bisogno di ogni uomo che lo cerca con cuore sincero.

X DOMENICA DEL TEMPO ORDINARIO

GESÙ È COLUI CHE DÀ LA VITA

1 Re 17,17-24;

Sal 29;

Gal 1,11-19;

Lc 7,11-17.

Quando sentiamo parlare del Vangelo qual è la nostra reazione? Quale la nostra comprensione? Si crea sempre, e quasi inconsciamente, un equivoco tra "La buona notizia" che il vangelo porta e quelle che noi consideriamo buone notizie per noi. In riferimento a ciò sembra quasi che l'espressione "A misura d'uomo" con la quale per anni è stata tradotta *katà ánthrōpon* presente nel versetto undici del primo capitolo della lettera di S. Paolo ai Galati, abbia creato una zona di separazione tra il bene degli uomini e il bene per Dio, in realtà questa pericope e tutta la parola di Dio della decima domenica del tempo ordinario di quest'anno liturgico eliminano questo spazio, comunicandoci in modo vivo e concreto che il Vangelo è la buona notizia indipendentemente da qualsiasi altra interpretazione o condizione. Non c'è infatti nessuna prospettiva, nessuna condizione umana che possa togliere al Vangelo la sua bontà. In questa lettera l'apostolo difende il Vangelo che ha annunciato ribadendo ancora una volta che quanto lui ha predicato viene direttamente da Dio.

L'espressione in discussione "secondo gli uomini" viene precisata più avanti nello stesso versetto: "Infatti io non l'ho ricevuto né l'ho imparato da uomini, ma per rivelazione di Gesù Cristo". Nel tentativo di dimostrare questo, Paolo racconta quando e come ha ricevuto questo patrimonio e il cambiamento che questo dono ha provocato nella sua vita. Da persecutore accanito della Chiesa diventa apostolo delle genti in virtù di una rivelazione, cioè di ciò che all'uomo in quanto tale, nella sua realtà di essere naturale, è semplicemente inaccessibile. Questa manifestazione comunica a Paolo che Gesù è il Figlio di Dio, questa notizia cambia completamente la sua vita, non è un cambiamento esteriore, ma tanto profondo da toccare il suo stesso essere: "E non vivo più io, ma Cristo vive in me. E questa vita, che io vivo nel corpo, la vivo nella fede del Figlio di Dio, che mi ha amato e ha consegnato sé stesso per me". Ecco, ciò che non era a misura di uomo perché era di Dio è diventato a misura di uomo perché nel Figlio incarnato l'uomo ha la possibilità di operare un cambiamento fondamentale nella sua vita.

Che l'irruzione di Dio nel mondo e la sua azione negli uomini produce un cambiamento totale viene confermato e raccontato dalle altre due letture. Il primo libro dei Re ci riporta un brano tratto dal ciclo di Elia, la presenza del profeta nella sua terra e nella sua casa, e il miracolo della farina e dell'olio non sono bastati per far capire alla vedova di Zarepta chi è quell'uomo mandato da Dio, anzi la malattia e la morte del figlio servono a rivelare l'incomprensione della donna nei riguardi del ruolo e della presenza del profeta: "Che c'è tra me e te uomo di

Dio? Sei venuto da me per rinnovare il ricordo della mia iniquità e per uccidermi il figlio?". L'azione di Elia non serve solo a ridare la vita al figlio e a restituirlo alla madre, ma anche e soprattutto a dare la possibilità alla vedova di riconoscere il profeta; "Ora so che tu sei un uomo di Dio, e che la vera parola del Signore è sulla tua bocca". Il brano ci racconta di due nuove vite, quella del figlio e quella della madre che ora sa che nella sua solitudine è entrata pienamente la presenza e la vita di Dio attraverso il profeta Elia.

Brano di rivelazione è anche quello evangelico, la situazione di sofferenza e impotenza rivela Gesù. La manifestazione è duplice, la prima riguarda i sentimenti di Gesù che rivelano pienamente la sua umanità, la seconda concerne l'agire del profeta che ne rivela la potenza divina. Il primo momento è raccontato dal narratore: «Vedendola il Signore ne ebbe compassione e le disse: " Non piangere"», la visione della solitudine esistenziale, dell'impotenza e della sofferenza della donna muovono le viscere di Gesù, il verbo usato *esplanchnìsthe*, aoristo passivo, infatti cerca di far capire che si muove in Gesù la parte più profonda della sua umanità, questo movimento non è controllato, ma causato da qualcosa che corrisponde alle viscere stesse, la nascita della vita, in questo caso l'opposto, cioè la mancanza di vita che provoca la sofferenza. Questo stesso verbo lo ritroveremo nello stesso Vangelo di Luca altre due volte, al capitolo 10, nella parabola del "Buon Samaritano" e nel capitolo 15 nella parabola del "Padre misericordioso", in entrambi i casi, così come nel nostro brano, il verbo è legato strettamente a un altro verbo, vedere. L'evangelista li usa insieme per la prima volta al capitolo 7 del suo vangelo, nella pericope riportata dalla X domenica del tempo ordinario, creando nel lettore una specie di qualità di rimando che lega Gesù a due personaggi parabolici che fanno riferimento all'agire di Dio. Nel secondo momento il narratore racconta i gesti e le parole di Gesù: «E accostatosi toccò la bara, mentre i portatori si fermarono. Poi disse: "Giovinetto, dico a te, alzati!». Il suo tocco ferma quello che l'uomo è costretto a portare con sé, la morte, e le sue parole hanno il potere di far continuare la vita. Questi gesti rivelano l'identità di Gesù che viene riconosciuto come un profeta mandato da Dio a visitare il suo popolo. La misericordia di Dio è diventata visibile nel volto di Gesù Cristo.

XI DOMENICA DEL TEMPO ORDINARIO

I GESTI DICONO AMORE

2 Sam 12,7-10.13;

Sal 31;

Gal 2,16.19-21;

Lc 7,36-8,3.

Qualche tempo fa qualcuno mi ha chiesto: "Nel percorso della vita spirituale è più importante la fede o l'amore?". In un primo momento ho pensato che sono entrambi importanti, che la loro funzione è solo cronologica, tenendo presente quello che S. Paolo dice nella prima lettera ai Corinzi, al capitolo 13. In seguito, pensandoci meglio e analizzando il cammino biblico dell'uomo, il suo rapporto con Dio, ho capito che in alcuni momenti la fede e l'amore vengono a coincidere, anzi in qualche passo è Gesù stesso che li accosta usando i due termini per indicare l'atto di accoglienza della sua persona. Nella situazione di peccato l'unico gesto di amore che l'uomo può porre nei confronti di Dio che si rivela in Gesù Cristo è la fede: l'affidamento puro, spogliato totalmente da certezze e pretese umane che diventa atto d'amore. Di questo rapporto ci parla la liturgia della parola dell'undicesima domenica dell'anno C, in modo particolare la lettera ai Galati e il vangelo di Luca. L'apostolo definisce la natura del suo vangelo affermando che la giustificazione dell'uomo avviene attraverso la fede in Gesù Cristo, escludendo totalmente da questo processo le opere della legge, in un secondo momento sottolinea come la vita stessa nella carne vada vissuta "nella fede del Figlio di Dio, che mi ha amato e ha dato sé stesso per me", definendo la fede come uno "spazio vitale" che si prolunga nel tempo in quanto realtà dinamica. È chiaro che per Paolo all'atto iniziale, "Abbiamo creduto anche noi in Gesù Cristo per essere giustificati in Gesù Cristo", segue un atteggiamento continuo vissuto in unione a Gesù Cristo reso possibile dalla fede, anzi che lui definisce fede. La fede come semplice atto di assenso viene superata anche da quello che Luca ci narra. Questa virtù infatti viene raccontata, perché visibile, da un fare umano davanti alla rivelazione di Dio. L'introduzione del brano è talmente breve per quanto generale: si parla di Gesù che viene invitato da un fariseo. La situazione si complica a livello di trama dall'ingresso di una donna, peccatrice, che compie dei gesti nei confronti di Gesù. L'interpretazione di questi gesti determina il resto della storia e soprattutto la definizione, a livello di identità e di rapporti, dei personaggi. Nella logica del fariseo l'identità di Gesù viene definita dalla capacità profetica di Gesù di riconoscere la donna che lo tocca, nella sua realtà di peccatrice. In qualche modo ha ingabbiato la realtà delle due persone che sta osservando in una legge che lui stesso ha definito. Non c'è nessuna apertura se non la denuncia legale di quello che la donna ha fatto ed è. La risposta di Gesù all'inizio rimane sul piano della conoscenza. Gesù è capace di leggere i pensieri di Simone, ma richiede per la definizione finale dei personaggi, un'attenzione particolare sul fare della donna e su quello di Gesù. Attraverso la capacità di leggere i pensieri di Simone, Gesù prende il giusto vantaggio che gli serve a capovolgere la situazione di partenza, la lettura viene fatta in forma parabolica e i personaggi vengono presentati nella loro realtà esistenziale. Gesù è il creditore, il fariseo e la donna i due debitori. In una situazione apparentemente neutra Simone può oggettivamente emettere un giudizio sul suo rapporto di dipendenza nei confronti di Gesù che ancora non ha riconosciuto. Nel momento in cui Simone ha emesso il giudizio, Gesù lo riporta alla realtà leggendo la sua situazione di debitore non secondo lo status iniziale che lui stesso aveva definito, ma in base a ciò che entrambi hanno fatto per accogliere Gesù. Si capisce che l'amore di cui parla Gesù nella parabola vien definito concretamente dai gesti di accoglienza della donna che ha coscienza della sua realtà di peccatrice e quindi di debitrice. Il versetto 47 diventa fondamentale per la comprensione del racconto, ma non è facile da interpretare: "Per questo ti dico: sono perdonati i suoi molti peccati, perché ha molto amato. Invece colui al quale si perdona poco, ama poco.". Cosa vogliono dire queste parole? Il rischio è quello di pensare che il perdono di Dio dipenda dall'uomo, in realtà la prima parte della frase deve essere contestualizzata e viene chiarita dalla frase finale di Gesù alla donna: "La tua fede ti ha salvata; va in pace!". La pericope non dice niente riguardo il pensiero della donna, né riporta qualche parola, per questo la fede è stata espressa dai gesti che ha fatto nei confronti di Gesù, che in precedenza Gesù stesso aveva definito come amore, abbiamo quindi una coincidenza, in questo caso, tra fede e amore. La seconda parte riferita a Simone, a livello narrativo esce dal racconto per assumere valore generale, l'identificazione del lettore avviene tramite il pronome indefinito "Colui". L'espressione "Poco è rimesso, poco ama" è riferita alla situazione iniziale di Simone che pensa di non essere debitore nei confronti di Gesù, anzi. Per capire bene l'espressione si potrebbe rendere così: "Colui che pensa di non avere niente da farsi perdonare ama poco, cioè non accoglie Gesù", quindi è per lui impossibile ricevere il perdono. Il brano, infatti, finisce con la rivelazione di Gesù che dichiara di poter perdonare i peccati con la sua parola. Questa dichiarazione apre un altro interrogativo sull'identità di Gesù, che è più di un profeta poiché questi può riconoscere il peccatore, mentre egli può giustificarlo e salvarlo. Tra quello che pensa Simone su Gesù e l'identità di Gesù c'è la stessa differenza che Paolo fa tra la legge e Gesù.

XII DOMENICA DEL TEMPO ORDINARIO

LA SEQUELA NON AMMETTE CONDIZIONI

Zc 12,10-11;

Sal 62;

Gal 3,26-29;

Lc 9,18-24.

Il tempo apre alla conoscenza di colui che abbiamo seguito, di colui che stiamo seguendo e che ci indica la strada e la meta. Conoscere lui ci permette di conoscere noi stessi perché la sequela non ammette condizioni, non specifica il tempo e lo spazio, ma ti chiede di guardare solo colui che ti precede. Questa è la vita del cristiano che nel ricercare la felicità ha risposto a una chiamata, "Vieni e seguimi", per una sequela di conversione continua. C'è un pensiero, un sogno, un disegno che diventa reale solo se noi siamo costanti nel seguire il Signore. Un sogno che si confronta e si costruisce nel paradosso della Parola che rivela l'impensabile logica di Dio. Quella logica che rivela il Signore quando per bocca del profeta Zaccaria proclama: "Riverserò sopra la casa di Davide e sopra gli abitanti di Gerusalemme uno spirito di grazia e di consolazione: guarderanno a colui che hanno trafitto.". La forza del paradosso insita nelle parole è solo l'inizio della forza del paradosso della vita: com'è possibile trarre un dono così grande come lo spirito di grazia e consolazione da un'immagine che testimonia solo il nostro rifiuto e la nostra cattiveria? La forza del bene non viene dall'agire umano ma dalla misericordia di Dio, che non sbarra all'uomo la strada nel vicolo chiuso del suo male, ma in quella strada apre un nuovo cammino. La figura di questo bene donato da Dio è quella del servo sofferente, già proposta da Isaia e Geremia, e ora ripresa da Zaccaria. Il profeta lo presenta come un nuovo "capro espiatorio" rifiutato dal popolo che tenta di tranquillizzare la propria coscienza, sbarazzandosi del guastafeste che mette sotto accusa le loro aspirazioni. Ma davanti al risultato del loro peccato gli uomini potranno finalmente aprire i loro occhi, riconoscere la loro colpevolezza e aprirsi allo Spirito, sarà il tempo della conversione. Questo tempo si apre nel momento in cui, dopo aver ricevuto lo Spirito Santo nel Battesimo, inizia il suo ministero pubblico proclamando le prime parole del suo vangelo: "Convertitevi e credete al vangelo, perché il regno di Dio è vicino". Tutto quello che viene dopo non è altro che la realizzazione di questo proclama, il compimento del regno che si avvicina nella continua chiamata e accoglienza del vangelo, nella conversione di fede che si concretizza nella risposta. I discepoli sono stati chiamati da Gesù e hanno accolto con prontezza l'invito alla sequela, hanno avuto la possibilità di stare con il maestro, di ascoltare le sue parole e di vedere i suoi prodigi, si sono resi disponibili a condividere la stessa missione. Anche se faticosa la nuova avventura è stata entusiasmante perché colui che li ha chiamati riesce a parlare con autorità e fare delle cose che gli altri uomini non riescono a fare: con lui tutto è possibile, anche uscire da quelle situazioni che umanamente sembrano sclerotizzate. Ma chi è quest'uomo? Cosa chiede lui che riesce a fare tutto? Cosa implica la chiamata iniziale: "Non temere d'ora in poi sarai pescatore di uomini"? Per poter fare strada insieme, per potere seguire il maestro in piena libertà è necessario rispondere a queste domande. Questa è la funzione, per qualunque lettore del Vangelo, del brano che racconta l'episodio di Cesarea di Filippo, presente nei Vangeli sinottici. La pericope può essere divisa in tre parti: la prima scena in cui Gesù pone la domanda e Pietro risponde; la seconda in cui Gesù annuncia la sua passione, morte e risurrezione; la terza in cui lo stesso maestro specifica le necessità della sequela. Attraverso la domanda di Gesù e le risposte di Pietro e dei discepoli il narratore mostra come il gruppo ha preso coscienza dell'identità messianica di Gesù. Nella seconda parte le parole di Gesù svelano qualcosa di nuovo, che i discepoli non avevano pensato, anche se era stato profetizzato. Se non è facile pensarlo è molto difficile accettarlo, poiché prendi coscienza che colui che deve morire è lo stesso a cui hai consegnato la tua vita, perché non riesci a capire di che cosa stia parlando e che cosa significa risorgere, visto che per te la risurrezione è solo un termine. Nella terza parte Gesù invita i discepoli a condividere questa nuova missione, a condividere la sua morte per poter condividere la sua vita. Il tempo della condivisione può essere diverso ed è difficile prevederlo, ma lo spazio è definito, è quello della croce. È questo l'elemento di continuità tra la seconda parte e la terza, l'elemento che spiega, che definisce ciò che era sottinteso. La morte di Gesù è una necessità per permettere ai discepoli, ed a tutti coloro che a loro tempo prenderanno la loro croce e lo seguiranno, di perdere la propria vita e attraverso questa perdita di salvarla. Lo sguardo di cui parla il profeta Zaccaria non è semplicemente una visione emotiva che lascia fermo il nostro cuore, ma la chiamata conclusiva che lo muove a compassione, cioè gli chiede di muoversi con la stessa passione che Gesù ha avuto per noi.

XIII DOMENICA DEL TEMPO ORDINARIO

LA LIBERTÀ È UN PROGETTO A CUI SI È CHIAMATI

1Re 19,16,19-21;

Sal 15;

Gal 5,1,13-18;

Lc 9,51-62.

Libertà è un termine che usiamo e ricorre spesso nella nostra vita. La mettiamo in relazione con la nostra identità, la poniamo alla base della nostra relazione con gli altri e con la società, la desideriamo, la invochiamo, la cerchiamo e se pensiamo di averla trovata la vogliamo donare. Alcuni hanno combattuto per averla, altri non hanno saputo difenderla, forse qualcuno non l'ha saputa riconoscere. Quante cose si sono dette e si possono ancora dire, non solo sul suo valore e la sua ricchezza, ma soprattutto sulla sua essenza non circoscrivibile e quasi sempre inafferrabile. Poi arriva S. Paolo con la sua lettera ai Galati e ci dice: "Fratelli, Cristo ci ha liberati perché noi restassimo liberi. .... Voi, infatti, siete stati chiamati a libertà". All'inizio del capitolo cinque di questa lettera l'apostolo ci fa capire che per il cristiano la libertà ha un riferimento concreto che è Cristo, è lui, infatti che ci ha procurato e dato questo regalo. In un secondo momento, al versetto 13, parla della libertà come una chiamata, ed è questo punto di vista che manca alla riflessione del mondo in cui viviamo. Dire che la libertà è una chiamata significa ammettere che c'è Qualcuno che chiama, che la liberta è un progetto che richiede di essere realizzato nello spazio e nel tempo che si dà tra la chiamata e la risposta. Qualcosa che qualcuno continuamente ci dona e che noi possiamo accogliere nella misura in cui riusciamo a rimanere in essa e a custodirla attraverso una risposta adeguata.

Anche le altre due letture della liturgia di questa XIII domenica del tempo ordinario ci fanno notare come questa coscienza fosse ben presente nell'uomo biblico. Sia il brano dell'Antico Testamento sia quello del Vangelo, infatti, fanno riferimento al valore assoluto della chiamata. Il primo libro dei Re raccontando la vocazione di Eliseo descrive la chiamata come espressa volontà di Dio. Nella sua modalità il brano non si ferma a narrare niente di colui che è vocato se non il suo nome e la sua paternità, semplicemente viene affermato che deve prendere il posto di Elia. Il profeta stesso non deve ricercare la persona chiamata, non deve verificare le sue attitudini e neppure valutare le difficoltà. In questo modo il brano si concentra a descrivere l'assoluta sovranità di Dio a cui tutti devono obbedire e adeguarsi. I gesti di Elia ed Eliseo confermano questa lettura: il mantello che Elia getta su Eliseo descrive l'obbedienza, l'esecuzione del comando di Dio. Il congedo particolare di Eliseo dalla sua gente manifesta la comprensione e l'accoglienza di ciò che ha detto Elia: "Va e torna, perché sai bene cosa ho fatto di te", "Si alzò e segui Elia". Il gesto di Eliseo descrive inoltre la risposta alla chiamata, perché egli sa che la sua vita è cambiata non nel momento in cui compie questo gesto, ma nel momento in cui Elia gli ha gettato sopra il mantello, perché in quel momento Dio si è rivolto a lui e gli ha parlato.

Il brano evangelico allarga ulteriormente il concetto di "chiamata". Tutta la pericope scelta e la parte successiva del vangelo di Luca vanno lette alla luce dell'informazione che il narratore dà all'inizio: "Mentre stavano compiendosi i giorni in cui sarebbe stato tolto dal mondo, egli si diresse decisamente verso Gerusalemme e mandò avanti dei messaggeri.". C'è un tempo che solo il Padre può garantire e gestire, in questo tempo il Figlio è entrato e ha preso il corpo preparato per fare la volontà di colui che l'ha mandato, attraverso la piena corrispondenza a questa chiamata libera il tempo come opportunità e lo spazio come modalità. La parte restante del racconto si sviluppa attraverso la seconda di queste categorie. In un primo momento lo spazio sembra appartenere all'uomo, che se ne fa proprietario e lo gestisce, ma in realtà attraverso questo espediente il narratore sta invitando il lettore a saper prendere le distanze. Il rifiuto dei Samaritani di accogliere Gesù suscita due reazioni diverse: quella degli uomini, i discepoli, che vorrebbero usare la potenza di Dio per acquisire quello spazio punendo coloro che hanno impedito il passaggio, e quella del Figlio dell'uomo che vede nel rifiuto la possibilità di trovare un altro "spazio". Ed è proprio in questo "spazio" che viene data l'opportunità dell'incontro. La seconda parte del brano, gioca lo spazio come luogo d'incontro e di sequela, anzi serve a definire ulteriormente il concetto di sequela. Alla disponibilità del tale di seguirlo "dovunque tu vada", Gesù risponde che la sequela non è caratterizzata da un luogo: "Il Figlio dell'uomo non sa dove posare il capo", ma da uno "Spazio" personale e relazionale, questo è definito dalla persona di Gesù da cui nasce la relazione attraverso il "seguimi" e con cui può continuare il cammino attraverso il "Lascia, va e annuncia". Un cammino che ha come meta il regno di Dio, e come unica attitudine richiesta la capacità di guardare le cose che fa colui che sta davanti e ci precede, perché come dice bene il salmista: "Sei tu, Signore, il mio unico bene". Colui che con la mano all'aratro guidava i suoi buoi, con un aratro diverso si fa guidare da Gesù, senza guardare indietro, perché nessuna cosa rimasta indietro può scalfire il bene che è Gesù.

XIV DOMENICA DEL TEMPO ORDINARIO

LA FORZA DELL'ANNUNCIO STA NELLA SUA NATURA

Is 66,10-14c;

Sal 65;

Gal 6,14-18;

Lc 10,1-12.17-22.

Se la Chiesa non è missionaria non è Chiesa. A volte ci è capitato di pensare alla missione come un'eventualità, o al massimo come un'opportunità che viene data al cristiano, in realtà la missione fa parte della natura stessa della Chiesa, la esprime, ne indica l'origine, la fa sussistere e rivela continuamente la volontà di colui che l'ha voluta. La missione esige nel suo divenire la gioia, poiché la felicità che si prova nello sperimentare l'azione salvifica di Dio, diventa necessariamente forza per uscire da sé stessi e coinvolgere l'altro nella catena senza fine di condivisione e partecipazione. La missione, nella Bibbia così come nella vita, corre sul filo della parola, la parola gioiosa del profeta Isaia che invita il popolo alla speranza e alla fiducia: un giorno Gerusalemme risplenderà della gloria divina e Dio consolerà il suo popolo come una madre consola i suoi figli. La profezia di Isaia si compie nel momento in cui la Parola si è fatta carne, "Tu non hai voluto né sacrificio né offerta, un corpo invece mi hai preparato", ecco la prima missione, tutte le altre non sono che estensione di questa, Dio che esce per incontrare l'umanità. Attraverso questo corpo Gesù ha la possibilità di raggiungere l'umanità nel suo peccato, e non se la lascia sfuggire, per quello che ci raccontano i vangeli, infatti, Gesù è l'uomo che cammina, si mette sulla strada per incontrare l'uomo nella sua realtà. In questo percorso coinvolge in modo sempre più attivo alcune persone che lo hanno seguito. È vero che lui apre e traccia la strada, sia fisicamente sia spiritualmente e che il discepolo deve seguirlo fidandosi ciecamente di lui, ma è altrettanto vero che la pienezza della sequela si sperimenta nella condivisione e partecipazione alla sua missione.

Già nel momento in cui ci aveva raccontato che Gesù si era diretto decisamente verso Gerusalemme (Lc 9,51), l'evangelista ci aveva comunicato l'invio di messaggeri in un villaggio di Samaritani per preparargli l'ingresso, ora, nel brano evangelico della XIV domenica del Tempo Ordinario ci narra della prima vera missione in cui sono coinvolti settantadue discepoli, anzi sembra quasi che essi siano nominati discepoli in funzione di tale missione. A questo punto del percorso, per definire l'identità del discepolo, è necessario sperimentare la missione, non basta più la risposta immediata alla chiamata del maestro, la rinuncia generosa alle proprie cose e ai propri affetti, ora viene chiesto di mettere in discussione la propria vita attraverso l'annuncio del Regno di Dio. È questo il campo in cui si svela ulteriormente la chiamata, rispondere pienamente a Cristo significa condividere pienamente la sua vita in modo totale fino ad arrivare a dire con Paolo: "Quanto a me non ci sia altro vanto che nella croce del Signore nostro Gesù Cristo, per mezzo della quale il mondo per me è stato crocifisso, come il per il mondo ... perché quello che conta è l'essere nuova creatura". Condividere la vita significa condividere la sua missione, in questa partecipazione c'è l'amore verso l'umanità e l'inquietudine che si placa solo quando ogni uomo avrà l'opportunità di entrare nel regno di Dio.

Il primo passo della missione è prendere coscienza della necessità del missionario, richiesto da un'abbondante messe e garantita solo dal padrone della messe. La modalità della missione è allo stesso tempo paradossale e chiara, ben delineata. Paradossale, perché l'incontro con questa "messe" bisognosa, non sarà facile: "Ecco io vi mando come agnelli in mezzo ai lupi", chiara e ben delineata perché l'unico strumento in mano agli agnelli per addomesticare i lupi sarà la povertà dell'annuncio, povertà intesa come essenzialità. L'operaio in questo caso si spoglia di ogni possibilità per poter portare la pace e il regno di Dio, anche l'accoglienza e il rifiuto vanno letti in questa direzione, cioè in riferimento all'essenzialità dell'annuncio, che si presenta nella ricchezza della sua povertà. Il missionario si sveste di beni e strumenti materiali e affida all'annuncio tutta la possibilità di farsi accogliere, chi accoglie l'annuncio accoglie il missionario, chi rifiuta l'annuncio rifiuta il missionario, e non il contrario. Il missionario va accolto in quanto portatore di un messaggio affidatogli. La forza dell'annuncio è dimostrata attraverso tre indicazioni: la prima riguarda il messaggio di pace, questo dono non si disperde né si corrompe, quando viene rifiutato ritorna a colui che l'ha annunciato; la seconda fa riferimento al giudizio finale, il criterio di valutazione è legato strettamente all'accoglienza e al rifiuto più di quanto non lo sia a una situazione di peccato che si può risolvere attraverso il perdono; la terza è legata alla gioia dei missionari che ritornano da Gesù, la gioia non dipende dalla capacità di scacciare i demòni, abilità concessa da Gesù insieme ad altri poteri, ma dal fatto che i loro nomi sono scritti in cielo. Il nome del missionario non è scritto in cielo perché il suo messaggio è stato accolto, ma se ha fatto di tutto per far giungere l'annuncio del regno di Dio, nella sua povertà e nella sua verità, a ogni uomo a cui è stato mandato.

XV DOMENICA DEL TEMPO ORDINARIO

CHI È IL MIO PROSSIMO?

Dt 30,10-14;

Sal 18;

Col 1,15-20;

Lc 10,25-39.

Nel cammino verso Gerusalemme i discepoli seguono Gesù, non hanno le idee chiare circa l'identità di Gesù, ma hanno la possibilità di vedere tante cose. Certamente l'attenzione è rivolta su quello che ha detto, l'annuncio della passione, e tutto quello che accade illumina la loro comprensione. In questo viaggio il loro Maestro è stato rifiutato da un villaggio di Samaritani, hanno sperimentato la gioia e la forza della missione annunciando il regno di Dio, e ora Gesù si rivolge a loro e dice: "Beati gli occhi che vedono ciò che voi vedete", a cosa si riferisce? In che cosa consiste questa beatitudine? Narrativamente la frase può essere riferita sia a ciò che è già avvenuto sia a quello che deve avvenire, ma l'affermazione stessa esce dal contesto e richiede di essere letta come una massima che è valida sempre, l'unico riferimento che deve mantenere è la persona di Gesù.

Questa felicità è desiderata e ricercata non solo dai suoi discepoli, ma da ogni uomo, infatti il brano successivo inizia proprio da questa esigenza: un dottore della legge si alza per mettere alla prova Gesù e gli chiede: "Maestro che cosa devo fare per avere la vita eterna?". La ricerca della felicità viene confermata dalla domanda stessa, poiché questa fa riferimento al libro del Deuteronomio, in 6,1-3 si può leggere: "Questi sono i comandi, le leggi e le norme che il Signore, vostro Dio, ha ordinato di insegnarvi perché le mettiate in pratica. ... Ascolta Israele e bada dimetterli in pratica perché tu sia felice". La risposta di Gesù potrebbe sembrare ovvia poiché fa riferimento allo stato della persona che pone la domanda, essendo uno studioso della legge dovrebbe sapere cosa c'è scritto, in realtà non lo è, perché Gesù aggiunge: "Come vi leggi?". Dentro la risposta-domanda c'è l'invito a leggere la Torah riscoprendo la sua natura, la sua funzione e il suo limite. Il dottore della legge risponde prontamente ricordando sinteticamente la legge attraverso le citazioni di Dt 6,5 e Lv 19,18, ma senza cogliere il limite della legge e la sua incapacità a leggerlo. È la seconda risposta di Gesù, "Hai risposto bene, fa questo e vivrai", che lo aiuta ad afferrare non solo il limite della legge, ma anche quello della sua logica. Rispondendo: "Chi è il mio prossimo?", rivela l'incapacità di cogliere sé stesso come destinatario della grazia di Dio a cui è stato mandato Gesù Cristo, l'unico che può giustificare. Attraverso questa domanda concede a Gesù l'opportunità di una rivelazione che manifesta davanti ai suoi occhi. La parabola che Gesù racconta, attraverso la natura dialogica argomentativa, ha la funzione di riportare il dottore della legge alla sua realtà di "bisognoso", che prima di ogni possibile azione giustificativa ha necessità di essere soccorso dalla misericordia di Dio in Gesù Cristo. Attraverso questo espediente narrativo, infatti, il Signore risponde non solo alla seconda domanda, "Chi è il mio prossimo?", ma anche alla prima, "Che cosa devo fare per avere la vita eterna?". In questo modo Gesù fa capire chiaramente che la risposta alla prima domanda aveva bisogno della risposta alla seconda, infatti la differenza tra "Fa questo e vivrai", e "Va e anche tu fa similmente" è data da quel *omoiôs* che viene dato dal "Buon Samaritano".

La prima cosa che il dottore della legge deve capire è l'incapacità di giustificarsi da solo, per questo iniziando a raccontare la parabola Gesù lo invita a identificarsi con quell'uomo che scende da Gerusalemme a Gerico, l'incontro con i briganti lo mette in una situazione di assoluta necessità dell'altro, di chiunque altro che scenda per quella strada, e che lui non è nella condizione di scegliere. Solo in questa condizione sarà capace di leggere dall'altro cosa significa amare Dio con tutto il cuore, con tutta l'anima, con tutta la forza e con tutta la mente, perché colui che si fermerà non avrà nessun ritorno a livello umano, in quanto egli nella sua situazione di bisogno non solo non è in grado di scegliersi il soccorritore, ma soprattutto non potrà ripagarlo, infatti i briganti gli hanno tolto tutto. Qualcuno che non è lì per caso, ma che si è messo in viaggio perché ama talmente Dio e gli uomini da assumere l'identità di colui che l'ha rifiutato (Cfr. Lc 9,51-55). Qualcuno che appena lo vede in quello stato "Si fa muovere dalle sue viscere per lui e verso di lui", il verbo *splanchnizomai*, usato dall'evangelista significa sentirsi e sapersi una sola cosa con l'altro, indica il senso di intima unione del padre e della madre con il proprio figlio, dei fratelli, e degli sposi tra di loro. Poiché si fa vivo quando l'altro ha bisogno. Nell'atto di avvicinarsi, di avere compassione c'è tutto l'amore di Dio per gli uomini. In questi gesti, l'uomo che scende da Gerusalemme a Gerico comprende chi si è avvicinato a lui e perché, comprende qual è la differenza tra "il semplice fare" e "il fare similmente", capisce che se vuole essere felice deve diventare prossimo dell'altro come Gesù è diventato prossimo a lui, e lo può fare solo se ama Dio con tutto il cuore, con tutta l'anima, con tutta la forza e con tutta la mente come lo ama Gesù. E sarà felice se sarà capace di avere lo stesso sguardo di Gesù, quello che lo spinge ad avere compassione e di farsi vicino.

XVI DOMENICA DEL TEMPO ORDINARIO

DIO PRENDE SEMPRE L'INIZIATIVA

Gen 18,1-10a;

Sal 14;

Col 1,24-28;

Lc 10,38-44.

Mentre Gesù sale a Gerusalemme per compiere la volontà di Dio donando sé stesso per la nostra salvezza, percorre una strada, attraversa parecchi villaggi e incontra tante persone. Il suo viaggio e le sue soste non sono casuali, niente in Dio lo è, "perché è ben per questo che voi siete passati dal vostro servo". Lo scopo della sua missione e del suo passare nella nostra vita lo scopriremo solo dalla disponibilità all'accoglienza, poiché la sua missione non dipende solo dalla nostra disponibilità, ma la nostra comprensione e il suo bene nella nostra vita, questi sì.

Siamo sempre in attesa, infatti, di qualcuno che venga a trovarci e a cambiare la nostra vita, pronti a tenere pulita e ordinata la nostra casa, perché il nostro ospite si senta accolto e possa dire bene di noi. L'ospitalità è sacra non solo perché accoglie l'altro, ma anche perché in qualche modo qualifica e costituisce la nostra identità agli occhi del nostro visitatore. Il nostro ospite deve essere messo nelle condizioni di sentirsi bene, di poter comunicare pienamente il motivo della sua visita, del suo viaggio che l'ha condotto fino a noi. Ma siamo sicuri che nella visita del Signore la nostra accoglienza deve avere solo queste caratteristiche? Quale accoglienza attende il Signore da noi? Come accogliere l'altro? Come accogliere Dio? Vi è un'accoglienza apparentemente perfetta, ma che mantiene le distanze, che non crea comunione. Non manca nulla, eccetto l'essenziale: la presenza del cuore. La pratica religiosa può essere irreprensibile, si serve Dio come un padrone, ma non lo si incontra veramente. E ancor di più lo si sfugge.

Della visita e dell'ospitalità ci parla la liturgia della parola della XVI domenica del tempo ordinario del corrente anno liturgico, dell'accoglienza personale, di quella della Chiesa e di quella di Dio, non solo soffermandosi sulla modalità delle singole ospitalità, ma invitandoci a leggerle come un percorso. Come sempre tutto nasce da Dio che si mette in movimento e prende l'iniziativa di visitare il suo popolo, egli bussa costantemente alla nostra porta e ci chiede di riceverlo, ha per noi una parola che può cambiare la nostra vita se noi gli permettiamo di diventare carne. È stato così fin dall'inizio, anche con Abramo nostro padre nell'ospitalità. Egli aveva lasciato tutto per vivere nell'attesa, aveva lasciato qualcosa di suo per attendere qualcosa di più grande che non dipendeva da lui. Quando gli angeli pellegrini gli si presentano davanti non sa il motivo della loro visita, ma il suo vivere nell'attesa lo aiuta nell'esercizio dell'ospitalità. Realizza, secondo le sue capacità di nomade, tutte le condizioni per una buona accoglienza, guidato da una santa premura, e riprende la sua attesa: "Così mentre egli stava in piedi presso di loro sotto l'albero, quelli mangiarono". L'accoglienza e l'attesa creano lo spazio per la rivelazione, quella di colui che ansiosamente hai atteso, della cosa che non avevi lontanamente pensato: "Torneremo da te fra un anno a questa data e allora Sara, tua moglie, avrà un figlio".

Lo stesso tipo di ospitalità viene indicato e lodato da Gesù nel Vangelo. È vero che Marta è la prima ad accogliere Gesù nella sua casa, ma è come se si dimenticasse della sua presenza, non è un singolo momento, una semplice distrazione, ma una mancanza di disponibilità alla presenza parlante del Maestro, perché "Presa da molti servizi". L'intento dell'evangelista nel raccontare l'episodio, non è quella di dare un giudizio sulla bontà del servire, ma farci vedere e cogliere quanto può diventare pericoloso togliere a noi stessi l'attenzione e la disponibilità all'ascolto della parola di Gesù. L'atteggiamento della sorella di Marta, Maria, nella sua semplicità, "sedutasi ai piedi di Gesù, ascoltava la sua parola", rispecchia quella del patriarca e viene qualificata da Gesù stesso come necessità e come bontà, e per questo l'unica risposta alla presenza del Maestro che contribuisce a costituire la nuova identità della persona, visto che non le verrà mai tolta.

Un'identità che per noi cristiani, si realizza costantemente all'interno della casa che è la Chiesa. In essa, come sottolinea l'apostolo Paolo, si realizza ogni missione, nel prolungare l'azione sofferente di Gesù Cristo a nostro favore, nella realizzazione della sua parola. La Chiesa come luogo che prepara e permette l'incontro con Dio nell'ascolto della sua parola, una parola capace di liberare il cuore, di renderlo puro, perché se la bocca parla dalla pienezza del cuore allora da un cuore purificato nasce la carità verso il fratello. La carità che si esprime concretamente nel parlare lealmente senza dire calunnia con la propria lingua, ma anche nei fatti, prestando senza usura e non accettando doni contro l'innocente, come recita il salmo 14. Attraverso l'esercizio di questa carità potremo abitare la casa di Dio, dove vedremo che cos'è l'accoglienza e l'ospitalità e la vivremo pienamente.

XVII DOMENICA DEL TEMPO ORDINARIO

SIGNORE, INSEGNACI A PREGARE

Gen 18,20-32;

Sal 137;

Col 2,12-14;

Lc 11,1-15.

"Ora di' le tue preghiere e mettiti a letto. – Non dico mai le preghiere – Annunciò Anna. Non ti hanno mai insegnato a dire le preghiere? Non sai chi è Dio, Anna? – Dio è uno Spirito infinito, eterno e immutabile nella sua essenza, sapienza, potenza, santità e giustizia, bontà e verità – rispose Anna. - Finché starai sotto il mio tetto, Anna dovrai dire le preghiere ogni sera. – Per carità, senz'altro, se lei vuole così – assentì Anna. -Per questa volta, però dovrà insegnarmi cosa devo dire, quando sarò a letto, poi, immaginerò una preghiera veramente bella da ripetere sempre.

- Devi inginocchiarti - disse Marilla imbarazzata. – Perché bisogna inginocchiarsi per pregare? Se volessi pregare davvero, le dico io cosa farei: me ne andrei tutta sola in un grande campo, oppure nel cuore di un bosco, e guarderei in su verso il cielo, su, su, su, verso quell'incantevole cielo azzurro, al cui azzurro sembra non ci sia fine; e allora sentirei proprio una preghiera. Beh, sono pronta. Cosa devo dire? Marilla era imbarazzata più che mai, aveva pensato di insegnare ad Anna la classica preghiera dei bambini, ma si accorse che non era adatta a quella bambina che non sapeva nulla e non si curava affatto dell'amore divino, dato che non le era stato mai tradotto nei termini dell'amore umano. – Sei abbastanza grande per pregare a modo tuo, Anna – disse alla fine. - Ringrazia soltanto Dio per le sue benedizioni e chiedigli umilmente ciò che desideri".

Questo stralcio tratto da *Anna di green gables*, di L.M. Montgomery, ci dimostra che, con il passare degli anni, in posti diversi, all'interno del cristianesimo si fa tanta fatica a pregare secondo quello che Gesù ci ha suggerito nel Vangelo. La nostra modalità oscilla tra il rigidismo di Marilla e lo spontaneismo di Anna e non ci accorgiamo che tutto questo non dipende dalla maniera di fare la preghiera, ma da una mentalità sbagliata, acquisita nel tempo, di quello che Gesù ha detto e ha fatto. La parola di Dio della liturgia della XVII domenica del Tempo Ordinario ci spinge a immergerci nella preghiera, e attraverso questa definisce Dio e l'uomo, noi. Poiché se è vero che noi preghiamo secondo il Dio che conosciamo, è altrettanto vero che dal contenuto e dalla modalità della nostra preghiera possiamo verificare chi è il Dio che stiamo invocando e con cui stiamo dialogando.

Sulla necessità della preghiera non si discute, chi ammette l'esistenza di un Dio personale ritiene opportuno entrare in relazione con Lui e comunicare. La preghiera di richiesta sembra sia quella più comune e per alcuni versi più corrispondente, partendo dalla costatazione che l'uomo percepisce sé stesso in uno stato di bisogno e si rivolge a Dio per ottenere ciò che chiede, confidando non solo nell'onnipotenza divina, ma anche nella sua bontà. Il rischio che si corre in questo tipo di preghiera è duplice: se si ottiene ciò che di domanda, allora Dio potrebbe sembrare un semplice distributore di cose o realizzatore di desideri; se, invece, non lo si ottiene, allora si potrebbe pensare che Dio sia ingiusto, non ci abbia ascoltato e addirittura negare la sua esistenza, compromettendo in tale modo quel poco di esperienza spirituale che pensiamo di avere.

Colui che ha sperimentato l'amore di Dio tradotto in termini umani non si pone più il problema della necessità della preghiera, ma chiede luce sulla sua modalità. È il caso dei discepoli che attraverso Gesù hanno conosciuto l'amore di Dio, solo lui conosce veramente il Padre e può rivelarlo, si avvicinano al loro Maestro e gli chiedono: "Signore insegnaci a pregare, come anche Giovanni ha insegnato ai suoi discepoli". È evidente che nella domanda il "come" è riferito al tipo di rapporto che loro percepiscono di avere con Gesù, gli chiedono come Maestro di insegnare a loro, discepoli. La risposta di Gesù è sorprendente, non è legata a un'idea, a un sentimento e tantomeno a uno studio su Dio, ma alla sua esperienza ontologica e concreta di Figlio, ecco perché la prima cosa che dice è: "Quando pregate dite: Padre". Lui si è fatto uomo per tradurre in termini umani la paternità di Dio. Nel recitare la preghiera del "Padre nostro" non ci si deve mai dimenticare questa relazione e colui attraverso il quale essa ci viene comunicata e dentro il quale possiamo viverla: l'unigenito Figlio di Dio, Gesù Cristo. Questa preghiera è sicuramente anche una preghiera di richiesta, ma di una richiesta dove i bisogni dell'uomo e la volontà di Dio s'incontrano divenendo cosa molto buona. È interessante notare, infatti, che Luca dopo la preghiera riporta due osservazioni di Gesù che esprimono questi sentimenti. Nell'insistenza dell'uomo inopportuno che chiede i tre pani, Gesù rivela la situazione di necessità, l'incapacità di procurarsi da solo quello che gli serve. Ciò che spinge il vicino ad alzarsi e a dare ciò che viene chiesto non è, infatti, l'amicizia ma l'insistenza e questa nasce da uno stato di bisogno. Nella seconda estensione del brano, viene ripresa e sottolineata la preghiera di richiesta, ma per collegarla alla bontà, sentimento che in questo caso non appartiene all'amico ma al Padre. La frase finale, nel suo apparente paradosso, "Se, dunque, voi che siete cattivi, sapete dare le cose buone ai vostri figli", rivela la bontà del Padre, "quanto più il Padre vostro celeste darà lo Spirito Santo a coloro che glielo chiedono!". Quando l'uomo è disposto a chiedere a Dio il bene, questo gli viene concesso immediatamente. Per essere in grado di riconoscere il bene da domandare la modalità è quella del povero, come sottolinea il ritornello del salmo 137, il rendimento di grazie e la lode sono gli alimenti che nutrono la povertà: il povero, infatti, non è colui che non ha niente, ma colui che vive la sua vita nella coscienza che tutto proviene dalla bontà di Dio e per questo, continuamente gli rende grazie, lo loda e lo invoca.

XVIII DOMENICA DEL TEMPO ORDINARIO

ARRICCHIRSI DAVANTI A DIO

Qo 1,2; 2,21-23;

Sal 94;

Col 3,1-5.9-11;

Lc 12,13-23.

Avere o essere? Questo dilemma, nel secolo scorso, è stato posto a livello psicologico, esistenziale, come scelta di vita (Erich Froom), quasi che il segreto della felicità della vita degli uomini si potesse cogliere non in ciò che si possiede, ma scoprendo e vivendo la profondità del proprio essere lasciando al singolo e all'umanità il compito di scoprire ciò che si è, e operare secondo tale coscienza. Questo tipo di domanda ritorna ancora oggi, non potrebbe essere altrimenti, così come è stata posta all'inizio e così come l'ha trattata l'uomo biblico. Possedere! È questa la preoccupazione immediata dell'uomo. Egli vede istintivamente nel possesso delle cose un mezzo per garantirsi dal rischio, dall'illusione mortale, sempre presenti nell'orizzonte della vita.

L'autore del libro del Qoèlet ferma la sua attenzione sul senso del possedere come utilità della vita e come felicità dell'uomo, facendo nello stesso tempo un passo indietro e uno avanti sulla fatica che si fa nel gestire il possesso. Dall'esperienza umana arriva a una sua conclusione e si pone una domanda. Per quanto riguarda la conclusione, sostiene che è vanità (fumo, apparenza, illusione) lavorare con il solo obiettivo di godere. Infatti, nessuno può dare la certezza che si riesca a godere tutto quello che con fatica si guadagna: "Perché chi ha lavorato con sapienza, con scienza e con successo dovrà lasciare i suoi beni a un altro che non vi ha per nulla faticato.". È fumo lavorare per lasciare agli altri! In questo caso nella riflessione è assente ogni altra intenzione o apertura diversa da quella che vede nella fatica e nel lavoro il godere dell'opera delle proprie mani. In questo modo, come ci ricorda la Bibbia, si cade direttamente nell'idolatria, creando la divinità del piacere, come se l'obiettivo dell'uomo fosse quello di godere pienamente in questa vita tutto ciò che riesce a guadagnarsi con la fatica. In questa logica il punto di partenza è l'uomo ripiegato su sé stesso, che vede il suo agire non solo legato al momento presente, ma alla sua persona nel momento presente, non c'è apertura al dopo perché non c'è apertura all'altro. L'autore di questo libro non si ferma a quest'amara conclusione, riesce, quasi con la stessa forza dell'illusione, a porsi la domanda: "Allora quale profitto c'è per l'uomo in tutta la sua fatica, e in tutto l'affanno del suo cuore con cui si affatica sotto il sole?". La risposta, dettata da una esperienza di chiusura in se stessi senza riferimento all'oltre, è quella deludente di vedere nella fatica, nell'affanno, nel lavoro, una sofferenza fatta di dolori e di preoccupazioni, a cui non è possibile sfuggire se non pensando di godere del momento presente.

Legato alla preoccupazione del presente e a "un suo personale senso di giustizia" si presenta a Gesù, che sta salendo verso Gerusalemme, "uno della folla" e gli chiede: "Maestro di' a mio fratello che divida con me l'eredità". La risposta di Gesù: "O uomo chi mi ha costituito giudice e mediatore sopra di voi?", s'impone fortemente come pista di riflessione. In realtà noi sappiamo che Gesù è l'unico mediatore tra noi e Dio, e che Lui verrà una seconda volta a giudicare i vivi e i morti, ma nella sua risposta c'è allo stesso tempo un rifiuto e un superamento. Un rifiuto a chi vuole considerare la sua mediazione solo dal punto di vista umano, il tale lo chiama "Maestro" e lo invita ad intervenire per risolvere un problema "materiale", l'eredità. Un superamento perché nel "Chi" della risposta di Gesù, c'è un sottile invito a fermarsi a prendere coscienza su colui che ha mandato Gesù e sul motivo per cui l'ha inviato. La parabola completa il discorso. Come punto di partenza della riflessione viene posta la comprensione della vita umana libera e indipendente dai "beni posseduti", poiché questi non hanno la capacità di aggiungere giorni all'esistenza, anzi in qualche modo la ricerca e il pensiero che i beni materiali possono qualificare la vita non fanno altro che svuotarla attraverso le preoccupazioni e i dolori che questi comportano. La parabola oltre che evidenziare il fallimento di chi cerca le ricchezze per sé, apre una porta: "arricchirsi davanti a Dio". Gesù e la sua parabola si fermano qui, lasciando a chi ascolta il compito di trovare la strada per aprire questa porta. La via viene esplicitata da Paolo nella lettera ai Colossesi, "arricchirsi davanti a Dio" non è solo una questione di fare, ma anche di cercare e di pensare, la vera esistenza nasce da un orientamento nuovo, bisogna rinunciare al proprio mondo per accedere a una dimensione nuova, orientata verso Dio: "Pensate alle cose di lassù, dove si trova Cristo assiso alla destra di Dio, non a quelle della terra.". Per percepire la dimensione vera dell'essere è necessario spogliarsi dell'uomo vecchio e rivestirsi dell'uomo nuovo, dell'uomo che si rinnova dell'immagine di Dio. Questo divenire è possibile se moriamo con Cristo per risorgere con lui: "Voi, infatti, siete morti con Cristo e la vostra vita è ormai nascosta con Cristo in Dio. L'umanità rinnovata diventa così prolungamento di Cristo poiché egli è "tutto in tutti". In questo modo, e solo in questo modo, cioè "possedendo Cristo", si è quel che si ha.

XIX DOMENICA DEL TEMPO ORDINARIO

LA BEATITUDINE È IL RISULTATO DI UN INCONTRO

Sap 18,6-9;

Sal 32;

Eb 11,1-2.8-19;

Lc 12,32-50.

Quanto è grande il dare di Dio, sempre pronto ad offrire all'uomo quello che è necessario per raggiungere la felicità: "La notte della liberazione, tu desti al tuo popolo, Signore, una colonna di fuoco come guida in un viaggio sconosciuto e come un sole innocuo per il glorioso emigrare", "Non temere piccolo gregge, perché al Padre vostro è piaciuto darvi il suo regno". L'autore del libro della Sapienza rievocando l'Esodo, mostra che quella liberazione è anche l'ingresso in uno stato di umanità superiore, che riflette la gloria di Dio. Essa permette la scoperta della vera sapienza. Questa umanità, questa gloria e questa sapienza vengono rivelate pienamente e definitivamente in Gesù Cristo.

È, infatti, in lui il regno che è stato donato al piccolo gregge di cui parla il brano evangelico della XIX domenica di questo anno liturgico. È da questo dono che tutto dipende: dipende la vita cristiana, e dipende anche l'interpretazione della pericope; tutto deve essere letto attraverso questo dono poiché esso togliendo ogni timore ci garantisce la sicurezza. Il suo possesso ci porta la libertà, cioè il dono del regno ci "libera da". Ci libera da ciò che umanamente sembra necessario e per questo vincolante, ciò che solo alla luce della fede nel regno (la vera liberazione) non lo è più. Il versetto successivo del brano di Luca è sì un comando e un consiglio, ma è soprattutto frutto della liberazione che ci è stata data, donata attraverso il regno. Una libertà che tocca il cuore: esso per esser felice ha bisogno di stabilità, di una sicurezza che viene dall'eternità. Si capisce, allora, l'incontro dell'agire reciproco, quello divino che dona il tesoro inesauribile nei cieli, che non può essere rubato dai ladri né consumato dalla tignola, e quello umano invitato a farsi "borse che non si consumano". Cosa significa farsi borse che non si consumano capaci di accogliere il tesoro e di custodirlo? In modo semplice e lineare, significa vigilare e servire. Le parti restanti della pericope, infatti, si soffermano su questi due atteggiamenti. In entrambe le parabole raccontate da Gesù i protagonisti sono il padrone "arrivante" e il servo "vigilante".

Il cuore felice viene descritto dal percorso della beatitudine. Anche in questo caso la beatitudine è il risultato di un incontro, tra la prontezza del servo che vive nell'attesa e l'arrivo del padrone che ritorna, solo lo stato di attesa e l'accoglienza (li troverà così) permettono al padrone di manifestare nello stesso tempo il paradosso umano e la misericordia di Dio: "In verità vi dico, si cingerà le sue vesti, li farà mettere a tavola e passerà a servirli". Il regno di Dio non è una questione di dominio, ma di servizio reciproco! Chiaramente la bisaccia che non si consuma, l'uomo che si prepara nel fare riferimento necessariamente a Dio, deve aprire il suo cuore al prossimo, poiché se l'orientamento a Dio è reale richiede l'attenzione all'altro. Nel caso concreto Gesù indica tre strade: amministrare, affidare e fare la volontà di Dio. Sono infatti questi tre atteggiamenti che vengono giocati nella seconda parabola e che definiscono le relazioni nel cuore dell'uomo. Tutto nasce da una domanda di Pietro che, come noi oggi, si chiede se la parabola che Gesù ha raccontato valga solo per i discepoli o per tutti. La risposta di Gesù non è definita, per questo motivo apre uno spazio d'identificazione che richiede al lettore di guardarsi dentro e vedere quanto gli è stato dato, e quanto gli è stato affidato. "Qual è?" non è una domanda a cui deve rispondere Gesù, ma ognuno di noi attraverso lo sguardo che ha gli occhi del dono di Dio. In questa domanda non c'è la chiusura di una definizione "per noi o per tutti" ma l'apertura che comporta una scelta gratuita da parte di Dio e una risposta libera da parte dell'uomo: dentro c'è la possibilità che viene data a ognuno dalla beatitudine.

Una beatitudine che ha le sue radici nell'incarico dato dal Padre all'amministratore e porta i suoi frutti nella saggezza e nella fedeltà dell'incaricato che si fa trovare nel lavoro che gli è stato assegnato. Questa beatitudine crescente trova il suo compimento nel riconoscimento da parte di Dio della fedeltà dell'uomo. Perché questo è il bello della felicità: si realizza solo nel rapporto reciproco e concreto tra l'umano e il divino. In questa relazione c'è una variabile, che l'amministratore non riesce a definire, ma ha la possibilità di gestire: è il limite della presenza-assenza del padrone. Se da una parte, infatti, è quest'assenza a determinare il bisogno stesso dell'amministrazione, dall'altra sono il ritorno e la presenza che permettono al padrone di riconoscere il lavoro. La mancata conoscenza della volontà del padrone diventa giustificazione fino a un certo punto: "Quello, invece che, non riconoscendola, avrà fatto cose meritevoli di percosse, ne riceverà poche". Il servo si riconosce tale, cioè come colui al quale il padrone ha dato e ha affidato, solo se prende coscienza del ruolo del padrone, riconosce la relazione amministratore-padrone e di conseguenza si mette in ricerca della volontà di quest'ultimo. Per gestire questa variabile non sono sufficienti le capacità umane legate alla ragione pura, ma serve la virtù teologale della fede. Quella stessa che ha guidato gli amici di Dio, quella fede che prende coscienza del limite umano: "e partì senza sapere dove andava", "sebbene fuori dall'età", e per questo è capace di guardare alla potenza di Dio, perché solo a lui appartiene il futuro, perché solo lui lo disegna continuamente per gli uomini, perché solo la fede ti permette di pensare che "Dio è capace di far risorgere i morti".

XX DOMENICA DEL TEMPO ORDINARIO

LO SGUARDO FISSO SU GESÙ

Ger 38,4-6.8-10;

Sal 39;

Eb 12,1-4;

Lc 12,49-59.

Quanto volte abbiamo pensato che l'avviso, il consiglio, di qualcuno che ci esortava a preparaci a un futuro incerto e difficile, fosse solo un cattivo auspicio, come se il futuro dipendesse da quelle parole, senza capire, invece, che quelle parole leggevano il futuro per noi, ma non potevano mai orientarlo? È un errore che spesso gli uomini fanno, un esempio concreto, infatti, è presente nella storia della salvezza e in particolare nel libro del profeta Geremia. Per tante volte egli ha parlato e ha posto dei gesti per aiutare il popolo facendo vedere un futuro difficile e doloroso, che non era secondo la volontà dei capi e del popolo, e che per questo richiedeva un cambiamento da parte di tutti. Nel brano che viene riportato nella XX domenica del tempo ordinario di questo anno liturgico gli stessi capi decidono di metterlo a morte con questa motivazione: "Perché egli scoraggia i guerrieri che sono rimasti in questa città, e scoraggia tutto il popolo dicendo simili parole, poiché questo uomo non cerca il benessere del popolo, ma il male.". È interessante osservare che il termine presente nel testo in ebraico "Shalom", è stato tradotto bene in italiano con il termine "benessere", infatti il profeta sta parlando di una falsa pace, di una falsa sicurezza umana come può essere il benessere che cerchiamo ai nostri giorni. La denuncia di questo falso bene viene vista dagli uomini come la ricerca del male, ai giorni nostri diremmo mancanza di ottimismo.

La ricerca delle false sicurezze e la conseguente denuncia è parte integrante della predicazione di Gesù. Lo scopo fondamentale, infatti della sua predicazione è la conversione e l'avvento del regno di Dio, e questi richiedono necessariamente il rinnegamento delle false sicurezze. Queste ultime devono essere messe alla prova, cioè testate per verificare se sono in grado di garantire veramente la felicità dell'uomo. Per questo è necessario lo "strumento" adatto, il solo che può rivelare la loro debolezza e la loro impotenza a donare il bene all'umanità. Tenendo presente questa necessità si capisce meglio perché a un certo punto del suo cammino Gesù sente il bisogno di comunicare ai suoi discepoli: "Sono venuto a portare il fuoco sulla terra; e come vorrei che fosse già acceso.", è il fuoco che prova la consistenza delle cose. San Paolo, infatti, ricorda ai Corinzi: "E se sopra questo fondamento, si costruisce con oro, argento, pietre preziose, legno, fieno, paglia, l'opera di ciascuno sarà ben visibile: infatti quel giorno lo farà conoscere, perché come fuoco si manifesterà, e il fuoco proverà la qualità dell'opera di ciascuno." (1Cor 3,12-13). Gesù attraverso la sua predicazione riprende quello che già aveva annunciato Giovanni Battista: "Io vi battezzo con acqua; ma viene colui che è più forte di me, a cui non sono degno di slegare i lacci dei sandali. Egli vi battezzerà in Spirito Santo e fuoco." (Lc 3,16). Il fuoco del Battesimo dipende dalla vita donata da Gesù. La sua morte, nell'essere dono, mette in discussione tante cose: mette il discepolo davanti a una scelta in cui non c'è posto per il compromesso, per il politicamente corretto. La morte e la risurrezione di Gesù, il suo Battesimo, richiedono una scelta netta: il dono della sua vita non permette nessun fraintendimento, nessuno deve correre il rischio di non sapere cosa scegliere, la chiarezza del dono costringerà il discepolo ad operare una divisione che toccherà le relazioni più strette, come possono essere i legami familiari. L'entrare nella dimensione e soprattutto nel cammino di cui ci parla la lettera agli Ebrei, "deposto ciò che è di peso e il peccato che ci intralcia, corriamo con perseveranza nella corsa che ci sta davanti, tenendo lo sguardo fisso su Gesù, autore e perfezionatore della fede", significa accogliere il dono che ci ha procurato sottomettendosi alla croce. Davanti alla croce nessuno potrà rifugiarsi nella "pace" di non scegliere o di trovare una via di mezzo. L'accoglienza di questo dono e il percorso delineato da questo cammino configureranno nuovi legami e costituiranno nuove famiglie.

È una scelta che riguarda il futuro, ma è una scelta che l'uomo può fare oggi senza paura di sbagliare, poiché gli vengono forniti tutte le capacità e gli elementi esterni. L'esperienza e la possibilità di osservare l'ordine naturale voluto da Dio lo portano a conoscere in anticipo se ci sarà pioggia o caldo, questo sapere gli permette di prepararsi ad affrontare la difficoltà che sta per venire. La costatazione di quest'esperienza permette a Gesù di concludere il suo discorso con due interrogativi che chiudono la pericope e chiedono al lettore di uscire dalla sua ipocrisia. Così come è stato creato, in relazione alla natura e la relazione a Dio, l'uomo è stato messo nelle condizioni di coltivare questo legame, di crescere nella conoscenza che gli permette, in una certa misura, di prevedere attraverso quello che il presente gli mette davanti, ciò che è giusto per la sua vita. La vita i gesti e le parole di Gesù sono segni evidenti che invitano l'uomo a predisporsi al dono dello Spirito, il dono promesso dal Padre e donato con trepidazione dal Figlio: "Come vorrei che fosse già acceso", e come sono angosciato, finché non sia compiuto". Il contenuto e la forma delle parole di Gesù invitano le folle e i discepoli a lasciare l'ipocrisia dovuta alle false sicurezze che si appoggiano alle relazioni temporanee e ingannevoli del mondo e a disporsi a ricevere il fuoco e lo Spirito del Battesimo con lo stesso desiderio e lo stesso ardore di colui che è venuto a donarlo. Il fuoco dello Spirito, infatti permetterà a ogni battezzato di abbandonare l'uomo vecchio e di diventare uomo nuovo, di riconoscere e scartare la pace e i legami della terra, che nella loro "bontà" si rivelano insicuri e fallaci, e di aderire alla famiglia della Trinità, l'unico luogo dove anche la divisione ha l'opportunità di diventare comunione vera ed eterna.

XXI DOMENICA DEL TEMPO ORDINARIO

GESÙ È LA PORTA

Is 66,18b-21;

Sal 116;

Eb 12,5-7.11-13;

Lc 13,22-32.

Ero ancora seminarista e fui invitato a tenere un incontro a un gruppo di ragazzi dell'Azione Cattolica. Non mi ricordo bene l'argomento che stavamo trattando, ma è ancora viva in me l'immagine di un ragazzo che a un certo punto mi interrompe e mi dice: "Tutti parlate di salvezza, ma io non ho nessun bisogno di essere salvato.". Sul momento mi sono premurato di dare una risposta che in qualche modo, a fine incontro, quantomeno aveva aperto una nuova strada nel mio interlocutore, ma nel corso degli anni ho capito che la sua domanda aveva aperto una nuova strada in me: se una persona non è più capace di percepire la necessità della salvezza, che percezione ha della stessa vita? In questi giorni, grazie alla Parola della XXI domenica del tempo ordinario di questo anno liturgico, questa domanda e la scena di quell'incontro sono ritornate e istintivamente le ho accostate alla scena del barone di Münchausen che cerca di liberarsi dalle sabbie mobili tirandosi fuori per i capelli. Già da tempo l'uomo ha superato questo abisso di decadenza spirituale, se per anni alcune filosofie e ideologie hanno illuso l'umanità facendole pensare che si potesse salvare da sola, negli ultimi anni questo limite è stato travalicato: l'uomo non è più capace di sperimentarsi come bisognoso di salvezza. Quest'incapacità è causata dalla poca frequenza all'ascolto della parola di Dio la sola che permette di leggere la nostra vita. Questo tesoro capace di dare sempre cose nuove e cose antiche, ci permette di guardare con occhi diversi la nostra storia e ci suggerisce domande nuove per scoprirne la pienezza di significato.

La parola di Dio presente nei Vangeli ci racconta di Gesù e di tutte quelle persone che passando per le diverse città, mentre era in cammino verso Gerusalemme, ha incontrato. Ma oggi racconta il nostro bisogno di sapere da Lui circa la nostra salvezza: «Un tale gli chiese: "Signore sono pochi coloro che sono salvati?"». A chi sente urgente il problema del numero dei salvati, Gesù risponde mettendolo di fronte alla sua responsabilità personale. In un primo momento si potrebbe pensare, ricadendo nel tentativo illusorio del nostro barone, che la salvezza dipende totalmente da noi, ma non è questa la soluzione indicata da Gesù né la strada che ci invita a percorrere. Dicendo "Lottate per entrare per la porta stretta", Gesù ha posto alla base di ogni tentativo di giustificazione umana la presenza di Dio, roccia eterna su cui appoggiarsi, e la sua azione che attraverso Gesù Cristo ha aperto una breccia nel muro del peccato. La risposta di Gesù continua, e completa il significato: "Poiché molti, vi dico, cercheranno di entrarvi e non avranno la forza", questa prima frase è l'inizio di un piccolo discorso che mette subito in chiaro due cose: la salvezza richiede il passaggio di una porta che qualcuno ha aperto e, nello stesso tempo una forza per passare in quella strettoia che l'uomo non possiede. In questo modo Gesù mette il suo interlocutore davanti alla sua azione salvifica. Il Figlio di Dio non è venuto a stabilire o a far conoscere il numero di salvati, ma ad aprire una porta nel muro che separava l'uomo da Dio e a dargli la forza per attraversare quell'apertura: "Io sono la porta delle pecore, … chi entra attraverso di me sarà salvo, entrerà ed uscirà e troverà pascolo" (cfr. Gv 10,7-9). La sua presenza e la sua parola, attraversa città e villaggi annunciando la buona novella, non fa altro che sottolineare l'urgenza della risposta da dare alla chiamata divina.

È una porta che serve per entrare ed uscire in una nuova realtà, in una nuova identità, è una porta che verrà chiusa. Questa chiusura rivela a noi in anticipo non solo la conseguenza di non aver dato la risposta al tempo opportuno, ma soprattutto la forza che viene richiesta per poter attraversare quella porta: l'essere riconosciuti dal padrone di casa, o come dice Matteo dallo sposo (25,1-12). Una reciproca conoscenza che è determinata da un'origine, "Non so di dove siete" e costituisce un'identità. La risposta di Gesù, infine, mette in guardia contro le pretese di coloro che credono di avere acquistato il diritto al regno, e di quelli che, con i loro giudizi, ne escludono gli altri. La conoscenza di cui parla Gesù richiede certamente una rivelazione divina, ma anche una risposta umana di adesione alle sue parole e alla sua stessa vocazione: "non chi dice Signore, Signore, entrerà nel regno dei cieli, ma chi fa la volontà del padre mio che è nei cieli." (Mt 7,21-29). È la frase finale che impedisce al padrone di casa di riconoscere coloro che bussano come "suoi": "Allontanatevi da me voi tutti operatori d'iniquità", questa specificazione che nel brano può risultare oscura viene chiarita attraverso la pericope di Matteo appena citata sopra. La parte seguente al discorso riportato dal primo evangelista si concentra sull'ascolto e sulla messa in pratica delle parole che Gesù ha pronunciato: "Chi ascolta queste mie parole e le mette in pratica, è simile a un uomo saggio che ha costruito la sua casa sulla roccia". L'ingiustizia, o l'iniquità nel caso di Matteo, sta nel non mettere in pratica quello che Gesù ha insegnato, poiché il Figlio dell'uomo non è venuto a giudicare il mondo ma a salvare il mondo.

XXII DOMENICA DEL TEMPO ORDINARIO

UMILTÀ È GRATUITÀ

Sir 3,17-20.28-29;

Sal 67;

Eb 12,18-19.22-24a;

Lc 14,1.7-16.

Chissà quante volte ci è capitato di invocare un po' di umiltà da parte di chi ci sta di fronte. Se tante volte la pretendiamo dagli altri dovremmo stare attenti a non cadere in tentazione. Quando, infatti, parliamo di umiltà nella sua dimensione sociale- relazionale il pericolo della tentazione è duplice: il primo, legarci in modo esclusivo ad un'accezione del suo significato che si concentra in modo esagerato sull'aspetto materiale tralasciando la parte del significato spirituale da cui non possiamo prescindere; il secondo rischio è quello di contemplare sì la dimensione spirituale, ma togliendo al termine la sua attrazione e il suo fascino, pretendendo nell'altro questo tipo di comportamento e non compiendo nessuno sforzo personale per acquisirlo e donarlo a nostra volta. Se si consulta velocemente un dizionario si può notare come il significato, del sostantivo umiltà e dell'aggettivo umile, è usato per indicare uno stato di povertà e semplicità, un atteggiamento modesto e sottomesso di chi è consapevole dei propri limiti. Senza voler andare oltre in questa disamina, ci sono abbastanza elementi che ci suggeriscono una domanda sulla mancanza di fascino che l'umiltà ha nella nostra società: perché è importante essere umile, cosa ci guadagna l'uomo acquisendo questa disposizione e tenendo questo atteggiamento? Ma se volessimo andare oltre, l'umiltà è qualcosa d'innato o un percorso educativo che richiede disponibilità, impegno e fatica? Rispondendo solo attraverso l'osservazione dell'esperienza dell'uomo e del suo percorso storico, finiremmo dentro un imbuto, riducendo l'umiltà, anche in questo caso, in qualcosa di soggettivo e relativo in cui il "secondo me" impera. Molto più interessante e particolarmente utile ricondurre il termine nel suo contesto naturale, che prevede l'ambito della relazione, non solo a livello umano ma soprattutto a livello divino. Si può parlare di umiltà nella misura in cui questo termine prevede un processo di somiglianza che l'uomo stesso deve acquisire nei confronti del Creatore, e che deve avvenire necessariamente attraverso il Salvatore. Per questo motivo è significativa l'espressione che Gesù stesso pronuncia e che viene riportata nel Vangelo secondo Matteo: "Prendete il mio giogo sopra di voi e imparate da me che sono mite e umile di cuore" (11,29). Da qui possiamo dedurre che l'umiltà è certamente una caratteristica necessaria al cristiano e che la sua origine e la sua fruibilità si trovano nell'abbassamento di Gesù Cristo che "pur essendo di natura divina non considerò un tesoro geloso la sua uguaglianza con Dio, ma annientò sé stesso prendendo la natura di servo diventando simile agli uomini; e apparso in forma umana umiliò sé stesso facendosi obbediente fino alla morte, e alla morte in croce." (Fil 2,6-8). L'azione salvifica di Gesù non è solo la fonte da cui attingere, ma anche il modello di riferimento, tenendo presente la citazione della lettera ai Filippesi possiamo notare come l'umiltà sia un elemento essenziale nella storia della salvezza, come fattore fondamentale nella relazione con Dio, anzi se proprio vogliamo essere più precisi è l'unica forma di accoglienza del dono di Dio.

Il tema dell'umiltà è centrale nel messaggio delle letture della XXII domenica di quest'anno liturgico. Il libro del Siracide condanna ogni pretesa orgogliosa e indica la grandezza umana nell'umiltà. La finalità dell'atteggiamento umile è l'amore degli uomini, il gradimento e la grazia di Dio. Anche Gesù, come abbiamo visto, si trova a parlare dell'umiltà, non come forma di galateo, ma facendo un discorso più ampio legato alla storia della salvezza. L'occasione in questo caso gli viene data mentre si trova a pranzare a casa di un fariseo, osservando come gli invitati scelgono i posti dice loro una parabola. Il discorso si sviluppa in due tempi: in un primo momento il riferimento è agli invitati; in un secondo tempo l'invito viene rivolto a colui che offre il banchetto. Attraverso questo sviluppo argomentativo Gesù intende far comprendere che la parabola è raccontata tenendo conto della duplice natura relazionale dell'uomo: il legame con Dio e il legame con il prossimo, sottolineando che queste due dimensioni relazionali, anche se possono sembrare distinte, non sono mai separate. In un primo momento Gesù fa osservare che l'invitato deve prendere coscienza del suo "status" riconoscendo a colui che l'ha invitato l'autorità di accogliere i suoi ospiti nella sua massima autonomia. Il mettersi all'ultimo posto più che una scarsa considerazione di sé accentua la libertà che viene riconosciuta al padrone di casa di assegnare i posti secondo la dignità che lui ha stabilito, facendo capire in questo modo che la dignità non è qualcosa che noi possiamo pretendere, ma che egli riconosce. L'esaltazione, il vanto, l'orgoglio impediscono a Dio di salvarci dallo stato in cui il suo unico Figlio si è abbassato per salvarci, manchiamo dal luogo in cui ci ha dato appuntamento.

Il secondo momento della parabola chiede al lettore di cambiare il soggetto di identificazione, non più l'invitato, ma colui che offre il banchetto. In fondo tutto l'insegnamento di Gesù si gioca su questo scambio di ruoli che caratterizzano ogni termine di paragone: "Amatevi come io vi ho amati"; "Rimetti a noi i nostri debiti come noi li rimettiamo ai nostri debitori". In questo caso l'atteggiamento di umiltà è garantito dallo spazio creato dalla gratuità. La ricompensa calcolata, infatti, riempie uno spazio che per sua natura dovrebbe restare vuoto nell'attesa della risurrezione dei giusti. Anzi è proprio questa mancata ricompensa a contribuire alla giustizia dell'uomo. È chiaro che questa seconda indicazione di Gesù all'uomo che offre il banchetto ha alle spalle un suo cammino teologico. Già nell'Antico Testamento infatti il circolo relazionale tra l'uomo, Dio e il prossimo faceva riferimento non a un sentimento astratto e arido di presunta sensibilità, ma ad una generosità che si concretizzava nel prossimo: "Dovrai assolutamente restituirgli il pegno al tramonto del sole, perché egli possa dormire con suo mantello e benedirti. Questo ti sarà contato come giustizia agli occhi del Signore, tuo Dio" (Dt 24,13). Invitare colui che non ha da restituire e restituire il pegno che abbiamo preso è un atto di giustizia davanti a Dio, permette a Dio di benedirci e a noi di accogliere la benedizione.

XXIII DOMENICA DEL TEMPO ORDINARIO

LA SEQUELA È FRUTTO DEL DONO DI DIO

Sap 9,13-18;

Sal 89;

Fm 9b-10.12-17;

Lc 14,25-35.

Anche quando stiamo fermi la nostra vita è un andare. Andiamo perché cerchiamo qualcosa o qualcuno che possa dare senso alla nostra vita anche al nostro stare fermi, perché in quello che facciamo vogliamo essere felici. La ricerca della novità e l'accumulo di cose e di esperienze ci possono dare l'illusione di essere andati verso la cosa giusta. Un cammino di crescita, di superamento dei propri limiti, di acquisizione di competenze per poter essere indipendenti o per poter essere di aiuto agli altri sembra qualcosa di più, ma in quel momento, in quella presunta verità percepiamo il niente. Viviamo la nostra vita in modo settoriale, come se l'accostamento di tanti pezzi potesse delineare l'immagine. Forse quello che manca veramente e il collante di tutti questi pezzi, non solo perché riesce a tenerli uniti, ma soprattutto perché riesce a dare il senso di ognuno all'interno del mosaico. C'è una volontà, che non è un capriccio, ma un disegno di bene che appartiene a Dio: conoscere e realizzare questo progetto ci permette di riunire persone, cose e sogni e dare loro il posto giusto nella nostra vita, perché essi possano dare a noi la felicità.

Questo tipo di sapienza non è il risultato di uno sforzo umano, ma frutto di un dono di Dio, dato a chi si apre a Lui. Questa è la riflessione dell'autore del libro della Sapienza, che prende coscienza dei limiti dei ragionamenti umani, "A stento ci raffiguriamo le cose terrestri, scopriamo con fatica quelle a portata di mano", e si apre alla sapienza divina, "Chi ha conosciuto il tuo pensiero, se tu non gli hai concesso la sapienza, e non gli hai inviato il tuo santo spirito dall'alto?". L'apertura a questo dono raddrizza i sentieri di chi è sulla terra, ammaestra gli uomini e dona salvezza.

Ogni sapienza umana è attraente, ma se per la sua acquisizione basta la disponibilità al confronto, per quella divina è necessaria la rinuncia, non solo nella sfera materiale e razionale, ma anche in quella affettiva. Gesù Cristo, sapienza incarnata, attrae automaticamente tutti coloro che hanno la possibilità di incontrarlo, ma tra l'andare a Lui e diventare suoi discepoli c'è una grande differenza. È Gesù stesso che parla con franchezza alla moltitudine di persone che gli si avvicinano. Il discorso è brevissimo, composto da due sentenze, ma chiaro e per alcuni aspetti sconvolgente. Entrambe le sentenze pongono al centro la sequela, ma se la prima sottolinea l'inizio, "se uno viene a me", la seconda si sofferma sul cammino, "viene dietro a me". È evidente che la sequela richiede al discepolo decisioni forti e scelte concrete, "andare presso Gesù" significa eliminare tutti gli ostacoli che in qualche modo ci tengono ancorati, gli esempi possono essere tanti, ma citando la sfera affettiva Gesù li include tutti, poiché in questo ambito si trovano quelli più sottilmente pericolosi. Gesù non cita questi affetti perché li disprezza o perché attribuisce loro poco valore, ma perché attraverso queste relazioni, che noi riteniamo fondamentali per la nostra vita, fa risaltare l'importanza assoluta della sua sequela. Solo davanti alla sequela di Cristo questi affetti possono perdere la loro posizione di rilevanza nella scala dei valori e delle priorità. La sequela non richiede solo la rinuncia di tali affetti, ma anche l'accoglienza e lo sforzo di portare la croce. Anche in questo caso la richiesta viene qualificata e motivata dalla sequela: portare la propria croce, senza seguire Gesù, sarebbe solo una fatica inutile, un ripiegamento su sé stessi, una chiusura all'altro e alla vita, che contraddirebbe la sentenza precedente. La croce si porta per poter seguire Gesù, in questo caso è il dono della condizione.

In un secondo momento Gesù paragona la sequela a una costruzione e a una battaglia. Se a prima vista le due immagini potrebbero sembrare banali in realtà posseggono la capacità di far comprendere il dinamismo proprio della sequela e l'impegno continuo che essa richiede. Tutte e due le immagini sono capaci di far vedere come nella risposta al progetto di Dio che è Gesù Cristo, ci vuole tanta sapienza.

La prima domanda retorica chiede all'aspirante discepolo di prendere coscienza dei beni posseduti e degli strumenti per affrontare "questa costruzione", ciò non vuol dire che se non si ritrova il necessario deve rinunciare alla costruzione, ma la verifica della mancanza lo mette nelle condizioni di poterselo procurare prima dell'inizio. Quello che non deve fare è improvvisare, scegliere senza sapere cosa richiede la "costruzione" della sequela. La seconda domanda retorica, in certo senso specifica e completa la prima: la coscienza di non avere un numero sufficienti di uomini per affrontare l'avversario porta necessariamente a prendere la decisione migliore per avere la pace e conservare la vita. La frase finale sintetizza il breve discorso: "Così chiunque di voi non rinunzia a tutti i suoi averi, non può essere mio discepolo". Se Gesù avesse pronunciato solo questa sentenza avremmo potuto correre il rischio di pensare alla rinuncia in modo soggettivo e unilaterale. In questo modo, cioè pronunciata alla fine della pericope, e scritta in questo spazio del testo, ci fa capire che la rinunzia è qualcosa di più ampio e, nello stesso tempo, non è mai fine a sé stessa ma funzionale a qualcosa più grande che è la sequela.

XXIV DOMENICA DEL TEMPO ORDINARIO

GESÙ È VENUTO A CERCARE CIÒ CHE ERA PERDUTO

Es 32,7-11. 13-14;

Sal 50;

1 Tm 1,12-17;

Lc 15,1-34.

Davanti alle conseguenze del peccato l'uomo sofferente invoca Dio, invoca la sua misericordia e la sua giustizia, anche se a volte fatica a conciliare questi due attribuiti divini li chiede ugualmente. Davanti al peccato dell'altro è quasi istintivo desiderare la giustizia, davanti al proprio sperare nella misericordia. Tenendo presente che nella maggior parte dei casi ha già deciso in cuor suo che cosa sono la giustizia e la misericordia, l'uomo chiede a Dio di adeguarsi a questa decisione che distingue la giustizia dalla misericordia, come se non fossero proprietà esclusive di Dio. Ma cosa fa Dio davanti al peccato e davanti al peccatore? Sono tante le risposte che vengono dalle storie della Bibbia, poiché essa raccontando di Dio e dell'uomo necessariamente racconta del peccato e del perdono. Quando Dio si trova davanti al peccato chiama l'uomo a guardare il suo peccato, lo rende partecipe della decisione e del rimedio che sta per prendere, lo invita a mettersi insieme a Lui davanti all'uomo peccatore. Uno dei primi esempi di questo modo di agire è l'episodio di Sodoma e Gomorra. Dio chiama Abramo e gli rivela la gravità del peccato delle due città. Mentre i pellegrini che avevano visitato Abramo stanno andando verso Sodoma, il Signore "sta davanti" al patriarca (versione del testo originale), come se volutamente attendesse da lui una decisione sul da farsi. Abramo inizia la sua intercessione facendo leva sulla giustizia di Dio (pur non rendendosi conto di quello che è in realtà la giustizia di Dio), proprio perché Egli è giusto non potrà sterminare il giusto con l'empio. Il Signore accoglie la sfida e allarga il concetto di giustizia, rivelando che non solo non sterminerà il giusto con l'empio, ma che se a Sodoma troverà cinquanta giusti, riguardo a loro perdonerà tutta la città. Tutto è legato alla possibilità di trovare dei giusti. Abramo prende coscienza della difficoltà di trovare dei giusti e inizia una contrattazione giocando al ribasso. La sua intercessione si ferma davanti alla possibilità di trovare dieci giusti e lascia a Dio il "compito" di trovarne almeno uno. Lo stesso modus operandi di Dio ci viene raccontato anche dal libro dell'Esodo, davanti al peccato del popolo, che si è fatto costruire da Aronne il vitello d'oro, Dio chiama in causa Mosè e insieme si pongono innanzi al peccato e al peccatore. Alla minaccia di Dio di distruggere il popolo, Mosè non gli ricorda la giustizia degli uomini, ma il giuramento che egli stesso aveva fatto ai patriarchi. La giustizia e la misericordia di Dio trovano la loro origine e la loro natura in Dio stesso e nella sua volontà salvifica.

La volontà di Dio si manifesta e si realizza pienamente quando Gesù incontra il peccato e i peccatori. Così inizia il capitolo quindici del vangelo di Luca, in cui i farisei contestano a Gesù la sua presenza in mezzo ai peccatori: "Costui accoglie i peccatori e mangia con loro".

L'accusa e il rimprovero non sono fatti a Dio e alla sua giustizia, ma a Gesù. Allora perché Gesù racconta una parabola sulla misericordia del Padre? Forse perché attraverso questa parabola Gesù vuole comunicare che la natura di Dio si manifesta attraverso il suo agire salvifico. Solo Gesù poteva raccontare questa parabola, poiché Egli è l'unico che conosce Dio e lo può rivelare attraverso la sua opera redentrice. La parabola è composta da tre racconti complementari che narrano l'atteggiamento di Dio davanti al peccato e alla presunta giustizia dell'uomo che vuole sindacare sull'agire di Gesù Cristo. Davanti a qualcosa che si perde, il narratore con finezza non spiega il motivo per cui il figlio minore si è allontanato dal Padre perché ognuno di noi possa prendere coscienza del suo peccato, Dio si mette alla ricerca, che prima di essere un'azione concreta è una disponibilità delle viscere che vengono private della gioia di ciò che hanno generato, nutrito e partorito. Nei primi due racconti, infatti, il narratore sottolinea proprio questo: la gioia che viene restituita dal trovare quello che si era perduto, e se alla fine del racconto iniziale, la storia del pastore e della pecora, la gioia viene causata dalla conversione del peccatore (era perduto ed è stato ritrovato), in relazione alla mancanza di bisogno dei presunti novantanove giusti; nel secondo, la storia della donna e della dracma, in modo progressivo la festa è legata esclusivamente alla conversione del peccatore senza nessun riferimento ai giusti. Nel terzo racconto, infine, la vicenda del Padre e dei due figli, il motivo della gioia e della relativa festa viene ripetuto per ben due volte dalla bocca del padre: "Poiché questo mio figlio era morto ed è tornato in vita, era perduto ed è stato ritrovato" (v. 24); alla fine della parabola ritorna la stessa frase con una variante di non poco conto: "questo tuo fratello" al posto di "questo mio figlio".

Dio mette davanti ai presunti giusti il peccato e il peccatore, non nega e non rinnega, ma chiede ancora una volta di entrare in quella casa e in questa storia, che è la sua (di Dio) storia, come Lui attraverso Cristo è entrato nella loro storia, (quella degli uomini). Se per Abramo gli abitanti di Sodoma erano degli estranei, per Mosè gli Israeliti erano il suo popolo, per questo "figlio maggiore che si ritiene giusto", il figlio prodigo è suo fratello che la misericordia del Padre gli ha restituito. La fratellanza non è frutto di un comportamento corretto o peggio ancora di un'umana giustizia, ma dono di un Padre che la genera e continuamente la rinnova con la misericordia del perdono. È una mano che Dio tende all'umanità nel peccato attraverso Gesù Cristo, il Figlio che è diventato peccato in nostro favore, perché in lui noi potessimo diventare giustizia di Dio (cfr. 2Cor 5,21), perché il Figlio dell'uomo è venuto a cercare ciò che si era perduto (cfr. Lc 19,10). La risposta di Gesù ai farisei, e a tutti coloro che si ritengono giusti davanti a Dio, viene definita con le parole del Padre alla fine della parabola (v. 32), in cui l'essere figlio e l'essere fratello sono esclusivamente frutto della volontà di Dio Padre e dell'incarnazione, della morte e risurrezione di Gesù Cristo suo Figlio, diventato giustizia per gli uomini e degli uomini. Si conclude qui la ricerca che Abramo aveva "affidato" a Dio.

XXV DOMENICA DEL TEMPO ORDINARIO

LO STRUMENTO È SCAMBIATO CON IL FINE

Am 8,4-7;

Sal 112;

1 Tm 2,1-8;

Lc 16,1-15.

"Io sono", "Io non sono", ... espressioni che manifestano la ricerca di un'identità, di una solidarietà o di una maschera? Nel rapporto con gli altri e con Dio il rischio che si può correre è proprio questo: non riconoscere la propria identità e la propria vocazione, nella ricerca di una presunta solidarietà che molte volte va a finire in relativismo assoluto che si manifesta nella scelta della maschera di turno. Come se nella solidarietà non si dovesse mantenere, nello stesso tempo, l'identità e la coerenza. "Dio sì è fatto come noi per farci come Lui" dicono le parole di un canto che spesso sentiamo nelle nostre chiese, la sua solidarietà si è manifestata nella nostra povertà, non nella nostra arroganza o peggio ancora nella nostra aggressività e mancanza di rispetto: "Gesù Cristo, da ricco che era, si è fatto povero, per arricchire noi con la sua povertà" (cfr. 2Cor 8,9).

Di povertà e di ricchezza, di scaltrezza e fedeltà, ma anche di identità e vocazione ci parla la liturgia della parola della XXV domenica di questo anno liturgico. La frase finale, che commenta la parabola, è quanto mai provocatoria e, se staccata dal contesto, potrebbe essere fraintesa. Che cosa ci vuole indicare Gesù quando ci dice: "Procuratevi amici con l'iniqua ricchezza, perché quando essa verrà a mancare, vi accolgano nelle dimore eterne"? Le espressioni "iniqua ricchezza" e "ricchezza disonesta" urtano la nostra sensibilità. Per capire è necessario allargare il contesto testuale. La parabola raccontata da Gesù è inserita nel capitolo sedici del Vangelo di Luca, insieme alla parabola di "Lazzaro e il ricco Epulone" e sembra quasi che Egli le ponga in continuità con le parabole della misericordia (capitolo 15) in cui l'attenzione dei figli per l'eredità è posta in netto contrasto con l'amore gratuito e disinteressato del Padre. Aggiungendo queste due parabole Gesù anticipa una possibile obiezione dei suoi ascoltatori, ma anche del lettore: "La ricchezza, è un dato di fatto, è presente nella nostra vita, ci sono tante cose che non abbiamo conquistato, come dobbiamo usarla? O meglio, come dobbiamo viverla?

Il punto di partenza è dato ovviamente dall'incipit della stessa parabola: "C'era un uomo che aveva un amministratore, e questi fu accusato dinanzi a lui di sperperare i suoi averi". I ruoli e le identità sono ben definiti, l'uomo ricco e l'amministratore, rimane in sospeso l'accusa, che cosa vuol dire "sperperare i suoi averi"? Questa possibile domanda resta appesa per tutta la parabola per fare posto alla realtà dell'opportunità che viene data all'amministratore: "Rendi conto della tua amministrazione perché non puoi più essere amministratore". Questa è la vera possibilità che Dio dà ad ogni uomo: l'opportunità della salvezza in Gesù Cristo che ci permette di amministrare ancora per un certo tempo. La misericordia di Dio continua, in questo caso si manifesta proprio nel "tempo" che concede all'amministratore per rendere conto. Seguendo la logica umana avrebbe dovuto denunciarlo e cacciarlo, visto che da quello che si percepisce dal racconto è certo della sua colpevolezza, ma secondo il paradosso della logica divina gli concede l'ultima possibilità di amministrare i "suoi averi". L'amministratore, così come ogni uomo, si trova costretto dalla necessità a operare per quello che è in grado di fare, non zappare o chiedere l'elemosina, ma amministrare, riscoprire la propria vocazione e orientarla in modo diverso: "Perché quando sarò allontanato dall'amministrazione ci sia qualcuno che mi accolga in casa sua".

Il padrone loda l'amministratore non per la sua disonestà, ma per la sua scaltrezza. In questo caso la scaltrezza corrisponde per contrasto allo sperpero che aveva caratterizzato l'amministrazione precedente. È solo ora che veniamo a sapere che lo sperpero non era inteso come un danno recato al padrone, ma come un danno provocato al futuro dello stesso amministratore: sperperare significa non saper usare i beni che Dio ci ha dato per la salvezza eterna. I beni che Dio consegna all'amministrazione di ognuno di noi servono per procurarsi degli amici che ci accolgano nelle dimore eterne. Questa ricchezza viene qualificata come "iniqua" e "disonesta", in questo contesto i due aggettivi stanno a indicare la temporaneità del bene, come infatti specifica l'aggiunta "quand'essa verrà a mancare". Ulteriori specificazioni vengono date dalle due domande retoriche messe in parallelismo: "Se dunque non siete stati fedeli nella iniqua ricchezza, chi vi affiderà quella vera? E se non siete stati fedeli nella ricchezza altrui chi vi darà la vostra?". Il parallelismo gioca sulla sinonimia, sull'antonimia e sulla progressione. La ricchezza "iniqua" si oppone a quella "vera" così come quella "altrui" si oppone a quella "vostra". Ma la ricchezza iniqua in questo caso è tale perché è altrui così come quella "vera" dovrebbe corrispondere alla "vostra". In realtà anche nella logica divina non è automaticamente così, ma rientra in quel dinamismo vocazionale a cui è chiamato ogni amministratore, nel caso concreto del parallelismo, che sintetizza la parabola: tutto dipende dal ciclo affidare, essere fedeli, dare. Ci è stata affidata, e ci viene affidata, una ricchezza, che verrà a mancare, ma se siamo e saremo fedeli, cioè se sappiamo e sapremo amministrare questa ricchezza senza sprecarla, orientandola a farci amici che ci accolgano nelle dimore eterne, allora ci sarà data quella nostra, quella vera.

La tentazione dello sperpero è quella di pensare che la ricchezza disonesta non verrà a mancare e che la ricchezza iniqua sia quella vera, cioè scambiare lo strumento con la meta, e legarsi ad essa fino a diventare suoi servi, disprezzando Dio.

XXVI DOMENICA DEL TEMPO ORDINARIO

IL TEMPO È L'OCCASIONE PER INCONTRARE DIO

Am 6,1.4-7;

Sal 145;

1 Tm 6,11-16;

Lc 16,19-33.

L'indifferenza e l'egoismo non sono reati, in nessun ordinamento giuridico sono indicati come trasgressione alla legge e come tali non sono punibili. Nessuno può toccare la "libertà" del singolo e tante volte quella della società costituita su questi valori e disvalori. Ma per il Vangelo l'indifferenza e l'egoismo sono un male, un male che tocca l'individuo nel tempo presente e nel futuro, atteggiamenti che fanno recano danno all'altro, alla civiltà dell'amore e soprattutto a sé stessi. Quello che da sempre ha insegnato la Bibbia viene ripreso da Gesù e proposto con forza e urgenza ai suoi discepoli. Il pericolo di avere ricchezze e non saperle condividere con chi davanti a noi, "giacente alla nostra porta", si trova nel bisogno è sempre presente. Lo ricorda il brano evangelico della XXVI domenica del tempo ordinario tratto dal capitolo XVI del Vangelo di Luca. Se nella prima parte dello stesso capitolo Gesù attraverso la parabola dell'amministratore si soffermava sulla possibilità di agire attraverso la ricchezza altrui nel tempo presente, in questa seconda parte l'attenzione è rivolta all'insegnamento che deriva dalla conoscenza di non poter più agire "dopo questo tempo". Sapere che "dopo" non è più possibile agire ci insegna a farlo ora e a riconoscere i segni che c'invitano all'azione, a saper donare quello che abbiamo, vincendo l'egoismo e l'indifferenza.

La parabola di "Lazzaro e il ricco epulone" così com'è raccontata da Gesù, e riportata dall'evangelista, si può dividere in tre parti: la descrizione della situazione presente e delle condizioni dei personaggi; la situazione e le relative condizioni dei personaggi dopo la morte, il dialogo tra Abramo e il ricco epulone, che dà ragione della realtà della situazione futura e delle cause della condizione presente, indicando nello stesso tempo come si possono evitare. L'inizio della parabola si ferma a descrivere i personaggi: il ricco, di cui viene taciuto il nome per permettere l'identificazione, e il mendicante, Lazzaro (Il Signore aiuta). Sembra che tra i due non ci sia nessun contatto, ma il narratore lo crea in modo sottile attraverso due indicazioni: "giaceva alla sua porta bramoso di sfamarsi di quello che cadeva dalla mensa del ricco"; "perfino i cani venivano a leccare le sue piaghe". La condizione di bisogno di Lazzaro è talmente visibile che anche gli animali gli vengono in soccorso. Il racconto è veloce, la morte mette fine alla prima situazione e alle prime condizioni, nel nuovo stato di bisogno il ricco "vede", vede che l'altro, Lazzaro, in questa nuova situazione potrebbe fare qualcosa per lui. Questa nuova necessità e la relativa richiesta aprono il dialogo con Abramo, che da una parte sembra oscuro, dall'altra chiarisce l'essenziale. In un primo momento, infatti, sembra che le nuove condizioni non dipendano dalla volontà dei personaggi: "ricordati che hai ricevuto i tuoi beni durante la vita e Lazzaro parimenti i suoi mali; ora invece lui è consolato e tu sei nei tormenti". In realtà il narratore non vuole dare una spiegazione sull'origine della povertà e della ricchezza dei personaggi, vuole invece far capire ai suoi interlocutori che queste due condizioni nel tempo presente sono funzionali l'una all'altra. Per far capire quanto questa condizione di vicinanza, di visibilità, tra il ricco e il povero sia una possibilità per entrambi, Abramo sottolinea, per contrasto, la mancanza di questa opportunità nella nuova situazione: "per di più tra noi e voi è stabilito un grande abisso: coloro che di qui vogliono passare da voi non possono, né si può attraversare fino a voi". Questa impossibilità fa capire al ricco, e dovrebbe farlo capire al lettore, che la vita terrena è caratterizzata da uno spazio temporale che Dio concede a ogni uomo per occuparsi dell'altro, e se, come dice il Qoelet, c'è il tempo per ogni evento sotto il cielo, tutto il tempo è l'occasione per fare qualcosa per il povero che Dio mette davanti alla nostra porta. È questo, infatti, che intende il ricco quando chiede ad Abramo di mandare qualcuno a casa di suo padre per ammonire i suoi fratelli. Non ha ancora capito l'ultimo insegnamento che Gesù affida nella parabola alle parole di Abramo: "Hanno Mosè e i profeti, ascoltino loro". La conversione dei fratelli che permette di evitare l'inferno con i suoi tormenti, non dipende dalla visione di " anche se uno resuscitasse dai morti", ma dal bisogno del povero che Dio ha messo davanti alla porta e dalla Parola di Dio, l'unica capace di toccare il cuore come successivamente ricorderà l'evangelista alla fine del vangelo: "non ci ardeva il cuore quando lungo la via ci parlava e ci spiegava le scritture" (Lc 24, 32), e all'inizio degli Atti degli Apostoli: "All'udire queste cose si sentirono trafiggere il cuore" (At 2,37). La ricchezza e il povero non sono altro che doni che Dio dà ad ogni uomo per uscire da sé stesso, dal suo egoismo e dalla sua indifferenza. Attraverso questa parabola le parole di Gesù nella sinagoga a Nazareth allargano il loro significato. "Lo Spirito del Signore è sopra di me, per questo mi ha consacrato e mi ha inviato a portare un lieto annunzio ai poveri", per consegnare al ricco un povero come lieto annuncio. Nella misura in cui l'uomo è consapevole della sua debolezza, (non basta la ricchezza a dare sicurezza e spensieratezza), ed è animato dalla certezza della giustizia e della misericordia di Dio, può scoprire l'autentico rapporto con il fratello che, come ci insegna il libro della Genesi, è una parola di Dio che continuamente viene pronunciata per noi.

XXVII DOMENICA DEL TEMPO ORDINARIO

IL GIUSTO SI NUTRE DI FEDE

Ab 1,2-3; 2, 2-4;

Sal 94;

2 Tm 1,6-8.13-14;

Lc 17,5-12.

È istintivo chiedere aiuto, può essere un attimo, un giorno, un mese, una vita, ma davanti a qualcosa più grande della nostra capacità nasce spontaneo il gesto di alzare gli occhi verso l'alto ed implorare l'aiuto di Dio. Anche questo è fede!? Invocare qualcuno solo perché ne abbiamo bisogno? E se poi questo sguardo e questa supplica, non sono ascoltate, non vengono esaudite allora viene meno la nostra fede? In che cosa allora abbiamo creduto: in una possibilità, ci siamo illusi per essere delusi? È questo il breve processo che tanti uomini fanno compiere alla fede, danno a questo dono una possibilità, un tempo e uno spazio condizionato, hanno già stabilito i limiti in cui si può muovere facendolo diventare solo un riscontro della loro necessità. Ma è fede tutto questo?

La parola di Dio della XXVII domenica del tempo ordinario non solo ci parla della fede, ma ci immerge in essa e ce la dona come nostra guida. Tutte le letture e il salmo, infatti, si mettono insieme per illuminare l'importanza di questa virtù teologale nel nostro cammino cristiano. La fede è vita come ci ricorda il profeta Abacuc: "Il giusto vivrà per la sua fede", questa definizione nasce dal dialogo tra il profeta e Dio. Davanti alla visione di violenza e oppressione, l'uomo di Dio che, si ritiene giusto, invoca il Signore, ma non si sente ascoltato e accusa Dio di rimanere spettatore. Il Signore risponde rassicurando il profeta con una visione: il suo intervento non è immediato, richiede pazienza. In questo periodo di attesa soccombe colui che non ha l'animo retto, mentre il giusto vivrà per la sua fede: la fede è il nutrimento del giusto nel periodo in cui l'intervento di Dio non è immediato.

Di fede hanno fame gli apostoli quando si avvicinano a Gesù e gli chiedono: "Aumenta la nostra fede". Questa domanda porta con sé due importanti indicazioni: la prima rivela il pensiero e le aspettative degli apostoli, la fede è una realtà dinamica; la seconda dice la possibilità che la fede dipenda dall'intervento di Gesù. A questa richiesta Gesù risponde con due sentenze: attraverso la prima fa capire che se da una parte è vero che la fede deve crescere, dall'altra la fede in sé stessa, anche se piccola quanto un granellino di senape, ha un potere straordinario, un potere che va al di là, non solo delle forze umane ma addirittura del pensiero stesso. Se una fede così piccola può mettere in movimento gli alberi cosa potrà fare una fede un po' più grande! La seconda sentenza sembra che non sia collegata direttamente alla fede, invece lo è: Gesù, infatti, dopo aver parlato della potenza della fede si concentra sulla sua natura. Definendo la fede come un processo di consapevolezza ci conduce ad una apertura relazionale verso Dio. In questo caso la fede è un atteggiamento che il discepolo deve assumere continuamente. Gesù invita gli ascoltatori a fare riferimento alla figura del servo e ai suoi compiti, l'illustrazione avviene attraverso tre domande retoriche introdotte dal "Chi di voi". La risposta alle tre domande è ovviamente sempre la stessa: nessuno. Nessun padrone si sente obbligato dall'obbedienza del servo, perché sa benissimo che tra il servo e il padrone c'è una differenza di ruoli e di compiti. La svolta nella descrizione della natura della fede avviene quando Gesù riprende le domande e tornando alla realtà degli ascoltatori dice: "così voi", in questo caso il "così voi" non è più legato alla figura del padrone, ma a quella del servo. Gesù attraverso una descrizione parabolica ha chiesto agli ascoltatori di mettersi per un attimo al posto del padrone e da qui guardare la loro stessa situazione di servi. Tornando alla realtà a cui appartengono devono riconsiderare il loro ruolo di servi e i relativi compiti, dal punto di vista del padrone. Tutto il lavoro che il servo fa non può essere assunto come pretesa nei confronti del padrone, non è il servizio in sé stesso che costringe il padrone a riconoscerlo e ricompensarlo, ma la bontà e la libertà del padrone che, non essendo obbligato può riconoscere e ricompensare il servo. L'espressione "siamo servi inutili" non deve essere riferita all'inconsistenza del servizio, ma serve a lasciare e rispettare lo spazio di libertà e bontà del padrone. La fede corrisponde a questo atteggiamento di libertà, è un movimento verso la libertà. Attraverso la mancanza di pretesa si attende l'aiuto di Dio, sapendo che questo non è dovuto, ma completamente gratuito, libero e buono. Abbiamo fatto quanto dovevamo fare, ma sappiamo che tutto questo non sarà sufficiente se Dio non interviene. La mancanza di fede si riscontra nel mettere alla prova Dio come il popolo d'Israele a Merìba che mette in dubbio la presenza di Dio e la sua capacità di intervenire, chiedendosi implicitamente, come tante volte facciamo noi, "dov'è Dio?". La fede viene presentata come spazio vitale dove prendiamo continuamente coscienza che la presenza di Dio non è un diritto e tantomeno una pretesa, ma un dono. In questo spazio è necessario un movimento continuo in cui Dio ci permette di guardare la sua azione attraverso i suoi occhi.

XXVIII DOMENICA DEL TEMPO ORDINARIO

LA FEDE VA AL DI LÀ DEL BISOGNO

2 Re 5,14-17;

Sal 97;

2 Tm 2,8-13;

Lc 17,11-19.

La forza della Parola è la capacità di ascoltare, di credere e di riconoscere i suoi effetti; è un processo di fede che porta alla salvezza. All'inizio non abbiamo coscienza di questo potere; è il bisogno, l'occasione per dare spazio alla Parola e dare inizio al processo. La storia di questo processo non è storia passata, non è storia di un possibile futuro, ma storia di un presente reale: questo presente viene concretizzato dalla parola che ci regala la XXVIII domenica del Tempo Ordinario di questo anno liturgico. Quelle che sembrano due ordinarie storie di malattia, di guarigione e di scelta dello straniero sono in realtà sempre storie di una parola che corre e di un cammino di fede che accoglie nell'ascolto, nell'obbedienza e nel ringraziamento di questa Parola.

Nessun gesto, nessuna invocazione particolare, ma solo la Parola di Dio, che percorre la sua strada. Quando l'autore del secondo Libro dei Re presenta il comandante Naaman sottolinea il suo valore di generale che aveva dato salvezza agli Aramei, ma che nella sua grandezza non poteva fare nulla contro la sua malattia (1Re 5,1-2). Davanti a questa impotenza una ragazzina, a servizio della moglie, apre uno spiraglio a Naaman e alla Parola di Dio. Tutta l'umanità, anche quella che si ritiene potente, e forse a causa della sua presunta potenza, può porre grossi ostacoli all'agire di Dio come bene esprime il Re d'Israele quando pensa che qualcuno gli chieda di fare qualcosa che è riservata esclusivamente a Dio: "Sono forse Dio per dare la morte o la vita, perché costui mi ordini di liberare quest'uomo dalla sua lebbra" (5,7). Chiude a se stesso la possibilità di dare risposta, senza pensare che Dio abbia costituito qualcuno capace di farlo. Eliseo è stato costituito profeta proprio per questo, per dire una cosa semplice in nome di Dio. Non è l'immersione per sette volte nel Giordano a guarirlo, ma perché questa indicazione è stata data dal profeta, dentro le sue parole c'è la volontà di Dio, così come riconosce Naaman attraverso la sua professione di fede: "Ebbene, ora so che non c'è Dio su tutta la terra se non in Israele", riconosce l'unico Dio e riconosce il luogo della manifestazione di Signore. Il gesto di portare con sé la terra rivela questa nuova conoscenza.

La salvezza che Naaman non poteva dare a sé stesso si è manifestata in Israele, la salvezza piena e definitiva viene offerta agli eletti da Gesù Cristo: "perché anch'essi raggiungano la salvezza che è in Cristo Gesù, insieme alla gloria eterna" (2Tm 2,10). La salvezza che Gesù ha rivelato e donato con la potenza della sua Parola durante la sua vita terrena, permette, a chi oggi ne ha bisogno, di attingere. Mentre Gesù sta andando a Gerusalemme attraversando la Galilea e la Samaria gli vengono incontro dieci lebbrosi che da lontano gli chiedono aiuto. La scena è semplice, i movimenti e le parole sono essenziali, necessari a comunicare il processo tra la richiesta di misericordia iniziale e la salvezza finale. La parola "lebbroso" non necessita di ulteriori specificazioni per descrivere la situazione di bisogno. Emarginati dalla comunità, i lebbrosi potevano stare insieme e condividere la condizione di malattia e solitudine. Anche in questa situazione estrema rimane la speranza che almeno Dio possa porre fine a questo stato doloroso. La supplica rivolta a Gesù manifesta l'estremo bisogno, ma possiamo chiederci se nello stesso tempo non manifesti la fiducia di essere esauditi? L'espressione con cui si rivolgono al Figlio di Dio lascia aperta la domanda: "Gesù maestro, abbi pietà di noi", infatti da una parte mette in evidenza la richiesta di misericordia, dall'altra qualifica Gesù come maestro. L'intervento di Gesù è essenziale, "andate a presentarvi dai sacerdoti" e si pone un passo più avanti. Potevano presentarsi al sacerdote solo coloro che erano guariti, per avere l'attestazione dell'avvenuta guarigione e le relative indicazioni da soddisfare. Nelle parole di Gesù ci sono insieme l'accoglienza della richiesta di aiuto e il potere di esaudire la richiesta stessa. Per questa guarigione non è richiesto niente ai lebbrosi se non di saper cogliere la fonte della guarigione stessa. Sembra così semplice, ma in un mondo così concentrato sull'uomo e sulle sue capacità abbiamo perso anche questo, riconoscere l'intervento di Dio che ha esaudito la nostra richiesta, "Ma l'uomo nella prosperità non intende, è come gli animali che periscono. Questa è la sorte di chi confida in sé stesso, l'avvenire di chi si compiace nelle sue parole" (Sal 49,13-14).

L'unico lebbroso che torna rappresenta l'eccezione per il lettore e lo stimolo di fare altrettanto. L'uomo vedendosi guarito non si ferma a ciò che aveva chiesto e aveva ottenuto, ma proprio questo lo spinge a tornare indietro, lodare Dio e ringraziare Gesù. La parte finale della pericope è molto interessante, composta da un'osservazione dell'evangelista e dalla conclusione di Gesù. "Era un Samaritano", è una categoria etnico-religiosa inclusiva, a tutti è data la possibilità di operare questa riconoscenza, così come rivela Gesù aprendo l'opera della sua misericordia a tutti senza esclusione. Ma quello che colpisce di più è l'osservazione finale: "Alzati e va'; la tua fede ti ha salvato!", Gesù distingue la guarigione fisica dalla salvezza, ma nello stesso tempo pone tra di loro un legane, per arrivare alla salvezza, in questo caso, è necessario prendere coscienza dell'opera di misericordia e dalla guarigione operata da Gesù e ringraziarlo. Tutto questo viene definito da Gesù con una semplice parola: fede.

XXIX DOMENICA DEL TEMPO ORDINARIO

LA PREGHIERA E LA GIUSTIZIA DI DIO

Es 17,8-13a;

Sal 120;

2 Tm 3,14-4,2;

Lc 18,1-10.

"Quando Mosè alzava le mani, Israele era più forte, quando le lasciava cadere era più forte Amalek". L'esperienza concreta e visibile è che la forza e la vittoria vengono dal Signore. A livello personale avremmo bisogno sempre di un'immagine come questa, un'immagine fissa che ci segue a ogni istante della nostra vita, per capire che ogni cosa che umanamente non riusciamo a fare, ha la sua origine e la sua forza in Dio. Tante volte, soprattutto quando le cose vanno molto bene, la tentazione è quella di pensare che questo sia frutto delle nostre immense capacità. Questo rischio è molto più frequente quando si passa dalla dimensione personale alla dimensione comunitaria e sociale, e quando soprattutto questo criterio viene elevato come principio ideologico attraverso il quale fare crescere l'umanità. Niente è impossibile all'uomo, tutto dipende da lui, e nelle sue capacità infinite può trovare la soluzione ad ogni problema e costruire la società del benessere e della libertà.

La cosa che stupisce nel racconto del libro dell'Esodo è che Mosè, a cui è stata affidata la guida del popolo, non scende in battaglia con i suoi uomini, ma sale sulla cima del colle a pregare. La sua preghiera ha una dimensione comunitaria, non solo perché è a favore del popolo, ma anche perché tutto il popolo partecipa. Questa dimensione di fiducia comunitaria viene confermata e rafforzata da Aronne e Cur che vengono in soccorso alla stanchezza di Mosè sostenendo le sue braccia. Quando il popolo sperimenta la forza di Dio attraverso la preghiera di chi lo guida si educa a sostenere la guida e la preghiera della guida. L'esempio di fiducia di coloro che sono preposti come guide della comunità è sempre fondamentale, così come sottolinea Paolo nella lettera a Timoteo, quando invita il discepolo a rimanere saldo nella conoscenza della scrittura, e soprattutto di annunziare la parola in ogni occasione opportuna e inopportuna. Poiché dalla conoscenza della Parola possiamo ricevere le istruzioni per la salvezza, che si ottiene per mezzo della fede in Gesù Cristo.

Di fede e di preghiera e della loro relazione tratta la pericope della XXIX domenica del Tempo Ordinario del corrente anno liturgico. Sorprende in modo particolare l'interrogativo finale che Gesù lascia ai suoi ascoltatori e che ancora oggi risuona nelle nostre orecchie, interpellandoci: "Ma il Figlio dell'Uomo, quando verrà troverà la fede sulla terra?". Tante volte ci siamo riproposti questa domanda senza chiederci cosa intendesse Gesù stesso, e soprattutto di quale fede stia parlando. La frase è posta come conclusione a una parabola che Gesù racconta sulla necessità di pregare, o meglio sulla necessità di pregare sempre, senza stancarsi. La pericope presente, così come tutto il capitolo diciotto, è preceduta dal discorso escatologico sulla venuta del Figlio dell'Uomo. Concludendo questo discorso, ai discepoli che gli chiedevano "Dove?", Gesù risponde: "Dove sarà il cadavere, lì si raduneranno insieme anche gli avvoltoi", e poi racconta la parabola. Il racconto è costruito su due personaggi: il giudice disonesto e la donna vessata che chiede giustizia contro il suo avversario. Per bocca dello stesso giudice sappiamo qualcosa in più sulle due figure: da una parte la donna che ha un'unica possibilità per ottenere giustizia, la sua insistenza; dall'altra il giudice che in un primo momento non vuole fare giustizia, ma poi si convince, non perché teme Dio, l'unico al di sopra di lui, né perché ha rispetto degli altri, che considera evidentemente meno di lui, ma "perché non venga continuamente a importunarmi". Quando Gesù fa il passaggio dalla parabola alla realtà ridefinisce il ruolo del giudice applicato a Dio e lascia agli ascoltatori ed ai lettori la possibilità e il compito di ridefinire la figura della vedova a livello personale. La figura del giudice viene ridefinita per contrasto, infatti Dio non è come il giudice, disonesto e insensibile ma giusto, cioè in Dio giudice ci sono tutte le caratteristiche della disponibilità per chiedere e ottenere la giustizia, senza aspettare, ma ottenerla prontamente. A questo punto della parabola ci aspetteremmo, per corrispondenza, una ridefinizione della vedova che non c'è, o meglio c'è nella frase finale. Nel momento in cui Gesù deve ridefinire la figura della donna molesta apre uno spazio, e lo lascia aperto per noi oggi, attraverso un'interrogazione che diventa un invito ad assumere un atteggiamento esistenziale e teologico. Se nella frase finale l'atteggiamento richiesto è quello della fede, in corrispondenza nella parabola la donna viene qualificata dal giudice "molesta". La vedova è "molesta" perché sa che non può farsi giustizia da sola, ha bisogno del giudice, non ha nemmeno gli strumenti per convincere il giudice, poiché costui non teme Dio e non rispetta gli altri uomini, allora si concentra su l'unica cosa che può fare, insistere. L'insistenza, la fede, che Gesù chiede oggi ha come fondamento questo: la coscienza di non potersi fare giustizia da soli, e quindi la necessità di chiederla all'unico da cui la possiamo ottenere con certezza e prontamente. Questa insistenza fondata sulla giustizia di Dio ha un duplice indirizzo relazionale, verso Dio e verso il prossimo.

XXX DOMENICA DEL TEMPO ORDINARIO

GIUSTO E GIUSTIFICATO

Sir 35,15-17.20-22;

Sal 33;

2 Tm 4,6-8.16-18;

Lc 18,9-16.

Quando la Bibbia parla di giustizia non si riferisce solo a una categoria giuridica legata a una legge e alla sua osservanza, né a un legislatore umano che ha analizzato e sperimentato i bisogni e i desideri umani e legiferato ponendo condizioni che riguardano diritti e doveri per il bene comune, per il raggiungimento e il mantenimento dell'ordine sociale. Il testo sacro usa il termine giustizia e i suoi derivati: giusto, giustificazione, giustificato in riferimento continuo a Dio e alle relazioni che gli uomini hanno con lui. Se nella logica umana e nella vita sociale del cittadino il giusto comunemente è colui che osserva le leggi e i regolamenti del paese e del luogo in cui vive, nella Bibbia quando si parla dell'uomo giusto non si fa riferimenti a leggi, ma direttamente a Dio, alla sua divinità, al suo modo di agire, all'incarnazione del suo Figlio unigenito, alla sua umanità e all'amore che lui ha donato.

Il tema della giustizia nel Nuovo Testamento viene trattato in modo particolare da S. Paolo per illustrare e dimostrare la dinamica del processo della storia della salvezza, la conseguente realtà umana, frutto di questo processo salvifico e l'agire morale dell'uomo stesso. Il tema e il linguaggio che ne richiede è ripreso in modo diverso dagli altri libri e dai diversi autori, in modo particolare dall'evangelista Luca. La sua opera è attraversata da un filo rosso: la ricerca di quel "giusto" e di quella "giustizia", che tante volte l'uomo si è attribuita con una pretesa orgogliosa, senza riconoscerla come dono, di una "giustizia" e di un "giusto". Solo alla fine della prima opera, il Vangelo, come testimoniano bene le parole del centurione che vedendo quello che era accaduto dà gloria a Dio dicendo: "Veramente quest'uomo era giusto" viene detto che la giustizia è da Gesù e in Gesù Cristo. Il tema, come detto, è trattato in tutto il Vangelo, e in modo particolare raccontato da Gesù attraverso le parabole, quelle della misericordia al capitolo quindici e quelle presenti all'inizio del capitolo diciotto: "Il giudice disonesto e la vedova insistente", "Il fariseo e il pubblicano". Mediante queste ultime parabole Gesù da una parte ci presenta Dio come un giudice disponibile a fare giustizia a tutti coloro che si rivolgono con fiducia a lui, dall'altra ci indica le condizioni necessarie per accogliere questa giustizia.

Con molta attenzione l'evangelista abitualmente ci rivela il motivo per cui Gesù racconta la parabola. In questa riportata dal brano evangelico della XXX domenica del tempo ordinario è molto esplicito: "Per alcuni che avevano l'intima convinzione di essere giusti e disprezzavano gli altri". L'obiettivo, dimostrare l'assurdità di questa pretesa, viene raggiunto mettendo in contrasto il termine "giusto" con il termine "giustificato". Se a livello linguistico questa distinzione potrebbe sembrare irrilevante, non è così in ambito teologico-esistenziale. Quello che Gesù cerca di correggere, infatti, non è solo un atteggiamento esteriore, ma la mentalità presente a livello profondo che di solito guida questo comportamento. I due uomini protagonisti del racconto che permettono di veicolare il messaggio sono qualificati in base a uno status sociale-religioso, il fariseo e il pubblicano, e presentati nell'atto di relazionarsi a Dio che contribuisce in modo più sottile e completo a rivelare la loro identità, poiché manifesta la coscienza di sé stessi e la considerazione degli altri. Se analizziamo meglio le parole che descrivono la coscienza del fariseo ci accorgiamo che non legge se stesso in riferimento a Dio, ma solo agli altri e vede il suo stato come già definito, non bisognoso di Dio, quello che lui è, in questo caso migliore degli altri, gli permette di porsi davanti all'Altissimo e di ringraziarlo. Anche se non lo afferma direttamente, egli si ritiene giusto, per questo ringrazia Dio. Non solo, ma pensa di mantenere questa giustizia e questo stato mediante il suo comportamento legato all'osservanza della legge. Il secondo personaggio, invece, ha un atteggiamento diverso, mentre il fariseo sta ritto perché convinto che il suo stato di giusto glielo permetta, il pubblicano con la testa china, tipico di colui che ha sbagliato e quindi ha bisogno, si batte il petto. Anche le parole sono diverse, mentre il fariseo ringrazia per uno status ormai acquisito, il pubblicano chiede aiuto a Dio per il suo stato di peccatore. Indirettamente le parole e i gesti manifestano la reale differenza ontologica: il fariseo chiude a Dio la possibilità di fare qualcosa per lui, riconosce uno status, che attribuisce a Dio, infatti lo ringrazia, ma non si sente bisognoso di altro, non riconoscendo il suo stato di peccatore e attribuendosi quello di giusto, lascia a Dio un'unica possibilità, confermare e applaudire. Il pubblicano sa che il suo stato davanti a Dio non è definito, "il suo peccato" gli permette di vedere la parte mancante e di richiedere l'intervento della bontà di Dio.

A questo punto diventa rilevante la lettura che Gesù fa alla fine della parabola, in cui il termine chiave è "giustificato". Gesù, infatti, non definisce il pubblicano giusto perché in effetti non lo è, e non può esserlo, poiché in questo caso il termine "giusto" è un attributo che appartiene esclusivamente a Gesù Cristo, il pretenderlo significa farsi come Dio. L'uomo non può essere giusto nel senso che il termine assume quando viene accostato a Dio, l'uomo viene definito "giustificato", perché è stato reso giusto da Dio. Tra il "giusto" e il "giustificato" c'è l'azione salvifica di Dio in Cristo Gesù di cui l'uomo non può fare a meno.

XXXI DOMENICA DEL TEMPO ORDINARIO

UNA STORIA DI SGUARDI

Sap 11,22-12,2;

Sal 144;

2 Ts 1,11-2,2;

Lc 19,1-12.

"Dio ti vede!" chissà quante volte abbiamo usato questa espressione in modo sbagliato, pensando di suscitare un senso di timore o paura. In realtà è vero che Dio ci guarda, ma non per controllarci, piuttosto per aiutarci. Lo sguardo che Dio rivela nella storia della salvezza è uno sguardo di bontà. Di questa bontà ci parla l'autore del libro della sapienza. Guardando la creazione esplode in un canto di ammirazione: la scopre, infatti, piccola e umile (goccia e polvere) ma nello stesso tempo buona. Questa bontà deriva da Dio, in Lui ha la sua origine e la sua sussistenza, anzi la chiamata all'esistenza, si prolunga come vocazione nella conservazione: "Come potrebbe sussistere una cosa, se tu non vuoi? O conservarsi se tu non l'avessi chiamata all'esistenza". La bontà di Dio non permette alle cose di corrompersi, e per recuperare ogni cosa il Signore manifesta la sua misericordia e opera il suo perdono, perché attraverso la fede l'uomo abbia la possibilità di cogliere l'ammonizione. La bontà e la misericordia di Dio si possono cogliere nelle cose, ma si manifestano e si colgono pienamente nella storia: è in questa dimensione che è entrato Dio per cercare ciò che era perduto, poiché nell'uomo vivente si manifesta il Dio amante della vita

Di questa ricerca e di questo amore ci parla anche il brano evangelico della XXXI domenica del tempo ordinario di questo anno liturgico. Dio si muove, il suo unico Figlio si è fatto uomo e attraversa le nostre strade e sentieri in cui l'uomo pensa ai suoi interessi, organizza i suoi affari, rincorre i propri sogni e progetta la propria vita. Spesso sono strade in cui ci si perde, non si trova più la via perché le occupazioni degli uomini hanno oscurato la verità e fatto venire meno la vita. Manca la luce che guida i passi nel cammino. Ma nella sua strada s'intravede una scintilla che accende nel cuore la ricerca, il desiderio di vedere Gesù. Tu stesso, uomo, come Zaccheo, non sai ancora il motivo per cui vuoi vedere Gesù, hai potere, capo dei pubblicani, e ricchezza, ma nonostante questo devi fare i conti con gli ostacoli che sono fuori di te: "a causa della folla", e sono dentro di te: "era piccolo di statura". Ma quel desiderio non motivato, che ti ha spinto alla ricerca, è talmente forte che ti ha costretto a superare ogni ostacolo per poterlo vedere. Sai che il Signore passa di là e vuoi vederlo, ma ti nascondi dietro le foglie del tuo Sicomoro perché, è questa la verità, hai tanto desiderato vedere Gesù, ma non sei pronto a farti guardare da lui, hai paura che ti veda così come sei. Tutta la fatica che hai fatto per salire in alto viene annullata quando, il Figlio dell'uomo passando ti vede e ti invita a scendere, poiché anche se tu sei corso avanti lui ti ha preceduto, è arrivato a te prima di te, e alzando lo sguardo ti vede così come sei, e non ha paura o vergogna per te, ma in modo semplice ti dice: "Scendi subito, perché oggi devo fermarmi a casa tua".

Caro Zaccheo tu ci fai capire che la richiesta di Gesù è talmente grande e importante per te che non hai avuto il tempo di chiederti perché Lui vuole venire a casa tua, ma puoi solo gustare la gioia dell'accoglienza. Ma in questa storia di occhi che "cercano di vedere", che "si alzano per guardare", non possono mancare occhi che "vedendo" non riescono a comprendere e spingono la bocca a mormorare. Non mormorano perché Zaccheo è un pubblicano, a quello ci sono abituati, ma perché Gesù è andato ad alloggiare da un peccatore, a questo no, non si vogliono convertire. Ciò stupisce, disturba perché quello che non riusciamo a capire è proprio questo: "Colui che non aveva conosciuto peccato, Dio lo fece peccato in nostro favore, poiché in lui noi potessimo diventare giustizia di Dio" (2Cor 5,21). Zaccheo coglie l'opportunità che gli viene data da Gesù, una possibilità data da una presenza silenziosa. Gesù, infatti, non accusa, non rimprovera Zaccheo del suo stato, ma neppure nega o difende il suo comportamento, nel suo silenzio lascia lo spazio di libertà alla coscienza di Zaccheo. Questi non si converte perché ha preso coscienza del suo peccato, ma perché Gesù è stato accusato, giudicato a causa del suo peccato. Se il Figlio di Dio ha messo in discussione la sua credibilità per un pubblicano, egli stesso ora si sente "costretto" a ricambiare la fiducia, non vuole offrire quello che è, ma quello che vuole diventare: offre ai poveri suoi averi e a Gesù la sua conversione. La gioia dell'accoglienza è fondamentale, ma il suo tempo è limitato, necessariamente deve lasciare lo spazio a un'altra gioia. Dopo aver pronunciato le parole di conversione Zaccheo ha aperto il suo cuore a Gesù: "Oggi la salvezza è entrata in questa casa, perché anch'egli è figlio di Abramo; il Figlio dell'uomo, infatti, è venuto a cercare e a salvare ciò che si era perduto". Ora possiamo comprendere, attraverso questo ricco pubblicano, le parole di Gesù nel libro dell'Apocalisse: "Ecco io sto alla porta e busso. Se qualcuno ascolta la mia voce e mi apre la porta, io verrò da lui, cenerò con lui ed egli con me" (Ap 3,20).

XXXII DOMENICA DEL TEMPO ORDINARIO

DIO NON È DIO DEI MORTI, MA DEI VIVI

2 Mac 7,1-2. 9-14;

Sal 16;

2 Ts 2,16-3,5;

Lc 20,27-38.

La mentalità della nostra epoca porta a rigettare l'idea della risurrezione e anche quella dell'anima. Molti cristiani si chiedono se la loro vita abbia un senso. Usare il termine "risurrezione" non vuol dire automaticamente avere coscienza di quello che si stia pronunciando, ci si chiede se sia un desiderio, un bisogno, un'idea o una semplice categoria dove poter leggere la vita e la morte. Quali sono i parametri, i dati, i punti di riferimento per cui è possibile pensare e parlare di risurrezione? È possibile non solo pensare, ma parlare e comunicare la risurrezione e attraverso la risurrezione? Sembra che la XXXII domenica del tempo ordinario di questo anno liturgico si sia concentrata su questo tema e ci offre una serie di dati, esperienze e soprattutto interrogativi che ci aiutano ad entrare in questo cammino ed a percorrerlo.

La possibilità di una continuazione della vita, attraverso altre modalità, o di una nuova vita è presente non solo prima della riflessione di Israele, ma anche al di fuori di questo popolo e della sua esperienza religiosa. Il pensiero di questa "continuazione", o di "nuova vita", sembra sia legato all'atto stesso della creazione, e in qualche modo costitutivo dell'essere umano. Nel popolo eletto si sviluppa e progredisce e, qualche secolo prima della vita terrena di Gesù, periodo di persecuzione e difficoltà a livello di identità nazionale, trova una sua espressione nel libro dei Maccabei. In questo contesto e nel rispettivo testo non si sviluppa un'idea, ma nasce una speranza e una fede che richiedono di essere vissute. Il brano che viene riportato dalla liturgia della parola ci indica un piccolo percorso. Il primo fratello dei Maccabei si limita con decisione a dare conto del loro sacrificio, "Siamo pronti a morire piuttosto che trasgredire le patrie leggi", ma gli altri chiariscono che il loro sacrificio si poggia sulla speranza della risurrezione. Il secondo afferma che dopo questa vita presente ci sarà una vita nuova ed eterna a cui si può accedere attraverso la risurrezione per opera del re del mondo, Il terzo fratello aggiunge che il nuovo stato comporta la risurrezione delle membra. Il quarto, infine, vede nel martirio e nella risurrezione il percorso della sua vita. Il salmo è concentrato a dimostrare in modo poetico come la ricompensa del giusto sia la visione e il relativo nutrimento della presenza di Dio: "Io per la giustizia contemplerò il tuo volto, al risveglio mi sazierò della tua presenza".

Il brano evangelico ci parla della risurrezione attraverso la disputa tra i sadducei e Gesù. Le parole di questo gruppo religioso non sono delle semplici insinuazioni o meglio provocazioni che tentano di mettere alla prova Gesù, ma rivelano nello stesso tempo la loro difficoltà ad entrare nella logica che la risurrezione comporta. Per alcuni aspetti, infatti, le loro parole non definiscono semplicemente il punto di vista di un gruppo religioso al tempo di Gesù, ma potrebbero manifestare il pensiero di tanti uomini del nostro tempo. Dopo la morte dell'uomo non resta che il suo ricordo, questo si può trovare in quello che ha detto e ha fatto, ma in modo particolare si rivela nei suoi figli. Se direttamente la domanda posta a Gesù "Questa donna dunque, nella risurrezione dei morti, di chi sarà moglie?", mette in discussione una logica relazionale, dai sadducei ritenuta impossibile, indirettamente sostiene, attraverso l'appoggio della legge, che solo un figlio può garantire "la sopravvivenza del padre". In tutto questo Dio non è stato chiamato in causa, è lì come spettatore di relazioni che definiscono due mondi, ma non entra e non vuole entrare. Indirettamente, ma decisamente la risposta di Gesù lo fa entrare in gioco, quando, infatti, dice: "Quelli che sono giudicati degni dell'altro mondo e della risurrezione dei morti", sta affermando che ci sia Qualcuno che stabilisce la dignità e rende degni, e questo qualcuno può essere solo Dio.

La risurrezione comporta un nuovo stato paragonabile alla natura degli angeli, che viene definito dall'immortalità e dalla figliolanza divina, ed è proprio questa figliolanza vissuta finalmente nella pienezza, a caratterizzare ogni altra relazione. Il nuovo stato non priva l'uomo delle relazioni, ma le rinnova e le indirizza attraverso la figliolanza divina. Rispondendo così Gesù ci fa comprendere che la risurrezione non è un'idea o un desiderio umano di prolungare in qualche modo la sua vita e il suo ricordo, ma un'evidente volontà di Dio che è stata in vari modi espressa dalla rivelazione, che trova la sua origine già nell'atto creativo del Padre e che si manifesta e realizza pienamente nella morte e risurrezione di Figlio unigenito. È nello spazio "Gesù" che tutto viene definito, realizzato e donato. In questo luogo il pensiero umano con le sue pretese e le sue logiche ha bisogno necessariamente della luce della fede: "Io sono la risurrezione e la vita, dice il Signore; chi crede in me non morirà in eterno" (Gv 11,25-26). Dio non è Dio dei morti, ma dei vivi; perché tutti vivono per lui, e come ci ricorda l'apostolo Paolo, lui attraverso Cristo vive in noi (cfr. Gal 2,20).

XXXIII DOMENICA DEL TEMPO ORDINARIO

UNA TESTIMONIANZA CHE RICHIEDE PERSEVERANZA

Ml 3,19-20;

Sal 97;

Ts 3,7-12;

Lc 21,5-21;

Dopo aver descritto le agitazioni crescenti nelle quali vive l'umanità animata dall'invidia, un autore moderno ha affermato: «Per restaurare la loro efficienza, gli uomini sono tentati di moltiplicare le loro vittime innocenti, di uccidere i nemici della nazione o della classe, di annientare violentemente ciò che resta della religione o della famiglia, giudicate responsabili di tutte le "restaurazioni", di predicare la morte e la follia come le sole realtà veramente "liberatrici"» (R. Girard).

Anche il Signore vuole rinnovare l'umanità e, attraverso il profeta Malachia, ci comunica questa intenzione. Ci sarà un momento in cui questo avverrà, quel giorno sarà rovente come un forno, sarà fuoco che distrugge come paglia i superbi, tanto da non far rimanere né radice né germoglio, ma sole di giustizia per i "cultori del mio nome".

Gesù stesso parla di questo momento nel Vangelo che ci propone la XXXIII domenica di questo anno liturgico. L'occasione viene data da alcuni che parlano del tempio e delle sue belle pietre e dei doni votivi che lo adornano. Ai loro occhi è il luogo, la casa dove Dio può venire, ma anche l'accoglienza e la risposta umana a questo venire. Gesù pur rispettando la loro ammirazione, attraverso le sue parole indica la fragilità di questo luogo, come ogni costruzione umana è destinata a passare per lasciare spazio a un nuovo luogo dove Dio stesso vuole incontrare l'umanità. Il "luogo" tempio lascerà il posto al "corpo" Gesù Cristo. Il Nazareno afferma che il luogo che l'uomo ha costruito verrà distrutto. Forse l'interrogativo più logico a questa affermazione sarebbe stato: "perché?", per capire l'inconsistenza della dimensione temporale, ma l'uomo che vuole mantenere il "comodo" di un culto che dipende da lui, preferisce chiedere "quando?". La risposta di Gesù, non è legata al "perché" o al "quando", ma si concentra sul "come". Questo "come" ha due implicazioni; da una parte diventa un segno per poter riconoscere il "quando", infatti dalla sua modalità, cioè dai segni che avverranno sarà possibile sapere che il "quando" è vicino; ma legato a questo il "come" diventa un'indicazione precisa per prepararsi al quando. Cosa l'uomo dovrà fare per farsi trovare pronto quando tutto questo avverrà? Il primo "come" sarà caratterizzato da un tentativo di inganno del maligno che si servirà di alcuni che mentiranno sull'identità e sul tempo. Ma sarà caratterizzato soprattutto da segni che in un primo momento porteranno sentimenti di paura, saranno, infatti, segni che metteranno in discussione tutte le certezze umane. Tutto quello che l'uomo ha cercato di costruire e fare crescere senza Dio si rivelerà inconsistente. I discepoli di Gesù avranno un ulteriore segno, la persecuzione. In un primo momento quest'azione contraria metterà in pericolo la loro fede, la sequela stessa sarà messa in discussione, ogni rinuncia e ogni fatica sembrerà vana davanti alle forze del male che alcuni uomini eserciteranno pensando di fare giustizia all'umanità. In questa situazione nascerà la tentazione di dubitare perfino di Dio, di quel Dio che si è dichiarato sempre nostro custode e protettore. La situazione e la tentazione porteranno una domanda quasi istintiva: "Perché Dio non interviene?", "Dov'è?". Ma questo segno è anche l'occasione che il Signore dà ai suoi fedeli per rendere testimonianza. Quello che all'inizio sembrerà il luogo e il tempo dell'abbondono di Dio, in seguito si rivelerà spazio e tempo dove ognuno avrà dall'Eterno la possibilità di vincere il male, diventa il posto della possibilità per l'uomo di accogliere, attraverso la sua risposta libera, l'azione salvifica di Dio. I luoghi e le persone che nelle mani del maligno sono strumenti di male, nelle mani di Dio diventeranno strumenti di salvezza.

Una testimonianza che richiede perseveranza. Questo tipo di atteggiamento che viene richiesto non è la passività, subire nell'attesa che finisca tutto, anche perché quello che avverrà richiederà una forza e una reazione particolare che possono venire solo da Dio. Si avvererà quello che l'uomo teme di più, il tradimento, l'odio e la morte, e la cosa peggiore che in alcuni casi tutto questo verrà da parte delle persone più vicine, gli amici, i fratelli e gli stessi genitori. Davanti a tutto questo la perseveranza si esprimerà solo attraverso la lingua e la sapienza, una difesa fondata ed espressa solo sulla Parola, un discorso che non va preparato, poiché non trova la sua origine nell'uomo e nelle sue capacità, ma in Dio poiché da Lui viene la Parola che richiede di essere accolta e annunciata. Lì nello spazio e nel tempo che Dio ha preparato, una Parola che esce dalla sua bocca e che trova nello spazio uomo la possibilità di realizzare quanto il Signore desidera. Una Parola capace di vincere il male e la morte: "I vostri avversari non potranno resistere, né controbattere", una sapienza capace di preservare anche i capelli del nostro capo, una parola che se viene accolta e annunciata salva le nostre anime.

XXXIV DOMENICA DEL TEMPO ORDINARIO
NOSTRO SIGNORE GESÙ CRISTO, RE DELL'UNIVERSO

LA REGALITÀ DI GESÙ È DATA DALLA FEDELTÀ AL PADRE

2 Sam 5,1-3;

Sal 121;

Col 1,12-20;

Lc 23,35-43.

L'ultima domenica dell'anno liturgico viene dedicata dalla Chiesa a Cristo Re dell'universo e celebra la signoria di Dio sul mondo e sulla storia. La coscienza di un certo tipo di regalità è sempre stata presente nell'uomo biblico come testimonia il secondo libro di Samuele. L'autore raccontando il riconoscimento di Davide come re d'Israele da parte degli anziani sottolinea tre cose riguardo la sua regalità: il legame di appartenenza, "Ecco noi ci consideriamo tue ossa e tua carne"; l'esperienza di sentirsi guidato, "Tu conducevi e riconducevi Israele"; la necessità di un nutrimento. "tu pascerai Israele mio popolo". L'alleanza che viene stabilita non è fondata sulla forza, sul potere, sui soldi, ma su un legame di amicizia in cui le tribù riconoscono in Davide colui che Dio ha costituito a favore del suo popolo con delle caratteristiche ben precise.

La regalità di Dio e la sua signoria si manifestano in modo pieno, e in un certo senso nuovo, in Gesù Cristo, una regalità che è stata riconosciuta dai Magi che attraverso i loro doni hanno reso omaggio alla fragilità della natura umana di un bambino, e attraverso questa la possibilità di andare oltre. Una regalità annunciata e preparata da Giovanni Battista che riconosce la differenza di dignità tra lui e il Messia. Una signoria che diventa azione concreta quando Gesù inizia il suo ministero pubblico e dice: "Convertitevi e credete al vangelo, perché il regno di Dio è vicino". Sì, è proprio vero, il regno si è fatto prossimo, si è fatto guardare, si è fatto toccare, ma soprattutto ha parlato e operato. Attraverso la potenza dei miracoli e dei prodigi si è rivelato re Messia secondo le promesse fatte a Davide. Il potere del suo agire ha dato autorità alle sue parole, e la sua Parola è stata così potente da realizzare ciò che aveva detto. È stato il re Pastore che ha cercato la pecora smarrita e ha guidato il suo gregge su pascoli erbosi (cfr. Is 40,11; Sal 23).

Ma quando tutto sembrava pronto, il popolo aspettava dal suo re il cibo, il nutrimento per cui l'aveva osannato al suo ingresso nella città santa, proprio in quel momento in cui doveva dare vita si è consegnato alla morte: la vita di Cristo termina sulla croce. È un fallimento? Per chi lo aveva seguito, ma non è presente sotto la croce, forse sì. Lo ha ammirato, lo ha seguito, pensando di condividere con lui un sogno lasciando tutto, ma lì e in quel momento il sogno sembra finito. Ha trionfato ancora una volta l'ingiustizia, che continua a regnare nel mondo. Possiamo essere dispiaciuti, ma è un fatto. C'era qualcuno sotto la croce: ancora una volta il popolo che sta a guardare, sta a vedere se succede qualcosa, magari quello che i capi, seguendo le loro ragioni hanno il coraggio di pretendere: "Ha salvato gli altri, salvi se stesso, se è il Cristo di Dio, il suo eletto". Ciò che viene messo in discussione è la sua identità, ingabbiata in una logica in cui l'uomo stabilisce la verità e la prova per verificarla. Ma l'identità di Gesù non dipende dai desideri e dalle pretese umane, né la prova che la certifica deriva dalla relativa logica. Gesù è il Cristo di Dio perché viene dal Padre e manifesta la sua identità restando fedele a colui che l'ha inviato, compiendo fino in fondo la sua volontà. L'unica prova messa nelle mani degli uomini è davanti ai loro occhi. Davanti agli occhi di chi non è scappato, di quella pecora smarrita, di quel peccatore perduto che il Figlio dell'uomo è venuto a cercare, che l'umanità non sapendo come recuperare l'ha messo sulla croce, l'ha posto lì accanto a colui che "Dio fece peccato a nostro favore, perché noi potessimo diventare giustizia di Dio".

Ed è qui accanto alla croce, girando un poco la testa, che nasce la possibilità di incontrare la regalità e di riconoscerla, l'opportunità di entrare nel regno. Una possibilità che è stata vissuta in modo diverso. Il primo ladrone si allinea alla logica umana dell'insulto, non riconosce in quello che sta accadendo, l'opera salvifica del Padre, perché troppo occupato a giudicare "l'incapacità del Figlio". Il secondo ladrone accoglie, logica paradossale, "noi condannati alla stessa pena giustamente, perché riceviamo il giusto per le nostre azioni, egli invece non ha fatto nulla di male", riscopre il timore di Dio che gli permette di riconoscere la regalità di Gesù e di chiedere: "Gesù, ricordati di me quando entrerai nel tuo regno". La risposta di Gesù nella sua brevità spiega tutto. Svela che nell'oggi della croce e della sua morte si è realizzato il regno di Dio che si era "avvicinato", e rivela che per entrare è necessario prendere la propria croce, portarla e metterla accanto a quella di Gesù, salire e da lì guardare, riconoscere e confessare la propria fede sull'identità di Gesù e sulla sua azione salvifica. La storia della regalità di Gesù, e della nostra, infatti, è storia di chi davanti alla croce scappa, di chi si ferma per insultare e giudicare, ma è anche storia di chi sa riconoscere, chiedere e accogliere quello che il re crocifisso è venuto a portare. Perché piacque a Dio far abitare in lui ogni pienezza e per mezzo di lui riconciliare a sé tutte le cose, rappacificando con il sangue della croce. È lui, infatti, che ci ha liberato dal potere delle tenebre e ci ha trasferiti nel regno del suo Figlio dilctto.

ANNO C

ALCUNE SOLENNITÀ

IMMACOLATA CONCEZIONE DELLA BEATA VERGINE MARIA

MARIA DONNA DELL'ASCOLTO

Gen 3,9-15.20;

Sal 97;

Ef 1,3-6.11-12;

Lc 1,26-38.

La grazia divina si manifesta in una semplice creatura. La solennità dell'Immacolata Concezione della Beata Vergine Maria all'interno del tempo di Avvento è una tappa fondamentale non solo per insegnarci l'attesa ma anche per educarci all'accoglienza del dono. La vera attesa non è un atteggiamento passivo ma un vero e proprio cammino che pone come primo passo l'accoglienza. Maria, porta dell'Avvento, diventa per noi l'esempio e la maestra, se, infatti, da una parte il privilegio che Dio le ha concesso la potrebbe escludere da questo ruolo, dall'altra parte proprio questo privilegio unito alla sua umanità la istituisce e la restituisce come modello di fede. Maria la Vergine Immacolata è nostra madre nella fede non solo a livello logico ma anche cronologico.

L'apostolo Paolo nella lettera ai Romani ci ricorda che la fede viene dall'ascolto: "Dunque, la fede viene dall'ascolto e l'ascolto riguarda la parola di Cristo" (Rm 10,17), lo stesso Gesù contrappone il legame di sangue con quello che si origine dall'ascolto: «Gli fecero sapere: "Tua Madre e i tuoi fratelli stanno fuori e desiderano vederti". Ma egli rispose loro: "Mia madre e i miei fratelli sono questi: coloro che ascoltano la parola di Dio e la mettono in pratica"». Per il lettore inesperto questa affermazione potrebbe far pensare che Gesù in qualche modo stia sminuendo il suo rapporto con i parenti e con la madre, ma il lettore che si sta facendo condurre da Luca sa benissimo che non è così, anzi, è proprio questa indicazione a farlo ritornare all'inizio del racconto, al momento in cui il narratore ha introdotto la figura di Maria, e capire che l'espressione finale inerente all'ascolto della parola riguarda proprio lei.

Il brano con cui il terzo evangelista introduce Maria è conosciuto come "l'Annunciazione" (Lc 1,36-42), in esso il narratore ci vuole comunicare come è avvenuta l'incarnazione di suo Figlio, è solo in questo contesto si può iniziare a comprendere il ruolo di Maria nella storia della salvezza e nel cammino spirituale del cristiano. Dio per l'ingresso nel mondo del suo unigenito Figlio ha voluto preparare uno "spazio" che non deve avere solo caratteristiche fisico-biologiche, ma anche e soprattutto qualità spirituali. Non solo il privilegio di grazia per accogliere ma anche la risposta di fede per donare. Tutto questo è la beata vergine Maria, non una "statua" dalla sola grazia di Dio, ma creatura piena che partendo dalla grazia si definisce attraverso una vera e propria relazione di fede. Ciò che colpisce nel brano che la liturgia della parola ci propone è il racconto del dialogo tra l'umanità e la divinità. Un'umanità che attraverso la pienezza della grazia è chiamata nella storia della salvezza per diventare collaboratrice di Dio. È vero che il racconto inizia con una caratterizzazione umana e divina della Madonna; abitante di Nazareth, vergine, sposa, di nome Maria e piena di grazia, ma è altrettanto vero che il narratore preferisce definire la figura della Madre di Gesù anche attraverso il dialogo seguente.

Maria entra in questo dialogo ricolma della grazia di Dio e nello stesso tempo rivestita di tutta la sua semplice umanità. La prima risposta non è costituita da parole ma da un turbamento, questo moto interiore non è provocato dalla paura ma, come dicono le parole stesse di Luca, dalla ricerca di senso dell'insolito saluto. Davanti alle parole dell'angelo che assicurano la presenza e l'assistenza di Dio, l'inizio del percorso fede non può che essere la ricerca di senso. E quando l'angelo rivela a Maria il progetto di Dio, la sua futura maternità e la nascita del Figlio dell'Altissimo, le prime parole dell'umile creatura si pongono in continuità con la sua prima reazione: "Com'è possibile? Non conosco uomo", infatti non rivelano l'incredulità, ma ancora una volta la volontà di comprendere quello che l'umana intelligenza non riesce a penetrare. Quest'apertura, che come abbiamo detto rappresenta l'inizio della fede, permette all'angelo di specificare la modalità dell'agire di Dio, quello che l'uomo non riesce nemmeno a pensare Dio lo realizza attraverso lo Spirito Santo, poiché "Nulla è impossibile a Dio".

Il segno successivo non è una richiesta di Maria ma viene dato dall'angelo per aiutare la comprensione di ciò che è stato rivelato dalle parole, come Dio può vincere gli ostacoli umani alla vita nascente della vecchiaia e della sterilità di Elisabetta, così può far nascere grembo di Maria il suo Figlio, senza che ella "conosca uomo". Quello che l'autore del terzo Vangelo vuole mettere in evidenza non sono i limiti umani ma la potenza di Dio che continuamente va oltre. L'assenso di Maria avviene alla fine del dialogo quasi come un sigillo, e si pone sulla linea del servizio, l'unica risposta umana che nel suo limite e nella sua semplicità può corrispondere all'onnipotenza di Dio.

I DOMENICA DOPO PENTECOSTE - SANTISSIMA TRINITÀ

UNA VITA DI COMUNIONE

Pro 8,22-31;

Sal 8;

Rm 5,1-5;

Gv 16,12-15.

"Avevano con lui alcune questioni relative alla loro religione e a un certo Gesù morto che Paolo sosteneva essere vivo" (At 25,19), quello che Luca ci racconta nel suo secondo scritto non è altro che l'esperienza concreta dell'apostolo che Paolo esprime anche con queste parole: "Perché la legge dello Spirito, che dà la vita in Cristo Gesù, ti ha liberato dalla legge del peccato e della morte" (Rm 8,2). Questa è l'esperienza di chiunque ha incontrato Gesù e ascoltato le sue parole: "È lo Spirito che dà la vita, la carne non giova a nulla, le parole che vi ho detto sono spirito e vita", questa dovrebbe essere l'esperienza concreta del cristiano che attraverso la vita in Cristo sperimenta la vita e la comunione trinitaria e in questa pone ogni suo possesso e ogni suo bene. All'uomo che desidera la pienezza della vita e pone, invece, la sua speranza nell'avere e nell'individualità pretesa da questo possesso, la parola di Dio risponde con l'essere nell'amore di Dio e con il dono della comunione, da cui questo è costituito e che porta con sé. Perché se vogliamo dirlo brevemente l'essere della Santissima Trinità non è altro che vita e comunione continua.

Gesù è l'unica e piena manifestazione del Padre, questa rivelazione è così grande e così "pesante" che richiede all'uomo una corrispettiva capacità. Un peso eccessivo può schiacciare colui che nel momento in cui lo riceve non ha la forza per sopportarlo. Nascono all'interno di questa logica due bisogni: da una parte la necessità di rivelare tutta la totalità della verità trinitaria, dall'altra l'esigenza di rendere questa manifestazione "accoglibile". La risposta a entrambi i bisogni è il dono dello Spirito Santo, la morte in croce e la risurrezione di Gesù producono il perdono dei peccati e la nuova vita nello Spirito. Questa nuova realtà rende capace l'uomo di accogliere e contenere la pienezza della verità di Dio. Questa novità non è qualcosa che non appartiene a Gesù o qualcosa che lui non può dare, anzi è proprio lo Spirito che Gesù dà che rende capaci di comprendere tutto quello che Gesù ha detto e ha fatto. In questo modo, nella ricezione spirituale della sua vita terrena si capisce la natura della sua identità: la figliolanza divina.

È grazie a questa natura, comunione con il Padre, che quello che viene detto non è solo suo, ma anche e contemporaneamente del Padre, poiché nella comunione, in questo rapporto speciale e grazie a questo legame, l'avere è radicato nell'essere e nello scambio di quello che si è. È nello scambio eterno di reciproca appartenenza che si realizza il "possesso" reciproco, l'avere in comunione, la "proprietà di Dio". Nel momento in cui lo Spirito rende capace l'uomo di portare il peso del "carico di Dio", allora l'uomo scopre l'intimo legame tra il Padre e il Figlio, per questo Gesù dice "Egli mi glorificherà perché prenderà del mio e ve lo annuncerà". Che cosa può dire a noi lo Spirito, quale verità ci può rivelare? Che Gesù è il Figlio di Dio, che il Padre ama il Figlio e che il Figlio ama il Padre, questo legame di reciproca appartenenza è tutto quello che sono, tutto quello che hanno e in questo possiedono la totalità: "Tutto quello che il Padre possiede è mio". In questa comunione, nell'amore reciproco "possiedono" ogni cosa e invitano a possedere ogni cosa.

Si capiscono meglio, e nello stesso tempo ci fanno capire meglio altri due passi del vangelo. Il primo tratto dalla I Lettera ai Corinzi in cui Paolo vuole comunicare ai suoi destinatari che la divisione tradisce la loro fede e che non è necessaria la divisione per possedere qualcosa, anzi, poiché tutto ci è dato in Cristo, l'unica cosa di cui c'è bisogno è la comunione con lui: "Quindi nessuno ponga il suo vanto negli uomini, perché tutto è vostro: Paolo, Apollo, Cefa, il mondo, la vita, la morte, il futuro: tutto è vostro! Ma voi siete di Cristo e Cristo è di Dio. (I Cor 3,22). Queste parole di Paolo ci rimandano a un passo del vangelo di Matteo che oltre ad allargare la nostra comprensione ci esorta all'azione: "Venite a me, voi tutti che siete stanchi e oppressi, ed io vi darò ristoro. Prendete il mio giogo sopra di voi e imparate da me, che sono mite e umile di cuore, e troverete ristoro per la vostra vita. Il mio giogo, infatti, è dolce e il mio carico leggero" (Mt 1,28-30). La solennità della santissima Trinità, infatti, non è solo la possibilità della comprensione del mistero di Dio ma l'invito ad accedere a questa grazia e di vantarci nella speranza della gloria di Dio, una speranza frutto della tribolazione, della pazienza e di una virtù provata per essere in Pace con Dio per mezzo del Signore nostro Gesù Cristo.

II DOMENICA DOPO PENTECOSTE - SS. CORPO E SANGUE DI CRISTO

UNA PRESENZA CHE SAZIA

Gen 14,18-20;

Sal 109;

1Cor 11,23-26;

Lc 9,11-17.

Quanta gioia nel fermarsi e prendere coscienza del dono che è la Chiesa! Rendersi conto di come attraverso essa Dio cambia la nostra vita, i nostri giorni, il nostro tempo. In essa e nel suo spazio si può sperimentare la presenza viva del Signore che ci parla, ci guida, ci consola, ci guarisce, ci nutre e ci salva. Tutto questo attraverso l'andamento dell'anno liturgico, con le celebrazioni del mistero di Cristo, vivendo pienamente questo dono abbiamo la possibilità di cambiare continuamente noi stessi, per essere sempre più graditi a Dio. È in questo contesto che si pone la celebrazione del Corpo e Sangue di Cristo, che la sapienza della chiesa pone tra le solennità che ci fanno passare dolcemente dal tempo pasquale a quello ordinario. Prendendo coscienza della continua presenza reale di Gesù, la liturgia della parola ci invita a cogliere i significati di questa presenza, di accoglierli nel nostro cammino e di viverli pienamente nella nostra vita.

Rispetto ai brani evangelici proposti nell'anno A (Cfr. Gv 6,51-58) e B (Cfr. Mc 14,12-16). 22-26), dove Gesù parla esplicitamente del suo corpo (carne) e del suo sangue, nel brano proposto dall'anno C (Lc 9,11-17) viene raccontato l'episodio della moltiplicazione dei pani e dei pesci. Stupisce come ancora oggi molti cristiani vedono in esso solamente un "semplice miracolo" e fanno fatica a vedere il significato eucaristico così come Gesù ha inteso e come è raccontato dall'evangelista. Rispetto al racconto dell'ultima cena il significato è meno esplicito, ma nello stesso tempo aggiunge qualche elemento. Per cogliere la pienezza del significato del brano è bene soffermarsi sulla parte introduttiva che in qualche modo determina e orienta il gesto di Gesù. La pericope inizia con la descrizione di quello che Gesù sta facendo: la cura degli ammalati, l'annuncio del regno di Dio. Umanamente gli apostoli sanno che oltre a queste cose ogni uomo ha bisogno di trovare alloggio e di mangiare e, giacché il giorno comincia a declinare, chiedono a Gesù di congedare la folla. Tutto poteva finire con questa richiesta. Gesù stesso dopo aver annunciato il regno poteva accogliere l'invito, accettare la separazione delle due cose: per ognuna un momento diverso e una fonte diversa. Se ci pensiamo un attimo, come tante volte succede a noi oggi, la vita vissuta a compartimenti stagni, da una parte il nostro rapporto con Dio, dall'altra le nostre cose, il nostro rapporto con il mondo, due cammini paralleli, che non si devono toccare. Ciò che ha cambiato l'andamento della storia dei discepoli e della folla allora, e che necessariamente deve cambiare ora quello della chiesa, è la richiesta di Gesù ai dodici: "Dategli voi stessi da mangiare". Questa richiesta, nel significato eucaristico del brano, aggiunge qualcosa al racconto dell'ultima cena in cui Gesù dice: "Fate questo in memoria di me". Gesù vede nella folla il bisogno di un cibo particolare che solo gli apostoli e i loro successori possono dare. La domanda apre uno spazio all'incomprensione dei discepoli e nello stesso tempo all'azione di Gesù. Come tante volte la chiesa oggi, i discepoli si concentrano su ciò che manca e non su quello che c'è: "Non abbiamo che cinque pani e due pesci, a meno che non andiamo noi a comprare viveri per questa gente". Non riescono a percepire la presenza e la relazione con Gesù come qualcosa da donare. Davanti all'umanità "affamata" la soluzione non è quella di andare a comprare viveri, fino alla conclusione della giornata, la soluzione, l'unica soluzione, è Gesù. Quello che Gesù opera capovolge ogni logica umana riguardo al bisogno della folla, riguardo al ruolo degli apostoli. Gesù agisce iniziando da quello che i discepoli hanno: cinque pani e due pesci. Varie sono le interpretazioni date a questi due elementi, tra questi i cinque libri della Torah, con riferimento al primo, e il duplice comandamento dell'amore, verso Dio e verso il prossimo, con riferimento al secondo. Sicuramente Gesù parte non solo da quello che hanno, ma anche da quello che sono, la fragilità della natura umana, quella che lui ha assunto, quella che lui ora prende e alza gli occhi al cielo. In un solo versetto è descritta tutta l'azione di Gesù, in soli cinque verbi c'è tutta la sua relazione con Dio, con la Chiesa e con il mondo: prendere (i pani e i pesci), alzare (gli occhi al cielo), benedire, spezzare, dare (ai discepoli). Tutto il suo agire è finalizzato all'umanità: "Perché li distribuissero alla folla". Sembra che ci sia una corrispondenza chiastica, prendere per dare, alzare gli occhi al cielo per potersi spezzare, e al centro di tutto il benedire. In quest'ultimo atto c'è tutto sé stesso, tutto quello che viene da Dio a favore dell'uomo. Il Dio Altissimo mette tutto nelle mani del "Benedetto che viene nel nome del Signore", e se Abramo diede la decima di tutto, l'unica discendenza di Abramo dona tutto sé stesso perché ogni suo apostolo possa metterlo davanti alla folla. E tutti mangiarono e si saziarono ....

TRASFIGURAZIONE DEL SIGNORE

IL VOLTO DEL FIGLIO CI CONDUCE AL PADRE

Dan 7,9-10.13-14;

Sal 96;

2Pt 1,16-19;

Mt 17,1-9; Mc 9,2-10; Lc 9,28-36.

"Il fine giustifica i mezzi": chissà quante volte abbiamo sentito questa frase, magari l'abbiamo condivisa e applicata nella nostra vita, oppure qualche volta l'abbiamo direttamente applicata senza porci il problema della bontà, perché in quel momento ci faceva comodo, altre volte invece ci siamo resi conto che non solo non potevamo metterla in pratica ma nemmeno farla entrare nel nostro modo di pensare. Il "mezzo", in questo caso, dipende necessariamente dal fine attraverso l'atto del giustificare, quindi dovremmo riflettere e capire qual è il fine capace di giustificare il mezzo, e nello stesso tempo capire che cosa significa "giustificare". Bisogna cercare e trovare, quindi, un fine che è buono e contemporaneamente rende buono il mezzo, ma questo non è tanto facile, forse perché ciò avviene in un solo caso, poiché qui non stiamo parlando di un mezzo cattivo usato per ottenere qualcosa di buono, ma di un fine buono capace di rendere il mezzo buono. Stiamo parlando non della liceità del mezzo cattivo, ma della capacità del fine buono, in senso biblico di rendere il mezzo giusto. Seguendo questo ragionamento diventa importante, anzi essenziale nella nostra vita e per la nostra vita, trovare questo BENE, trovare quello che è la cosa migliore per noi, non solo nella vita presente, ma anche per quella futura, e legata a questa ricerca la capacita di discernere quali sono i mezzi concreti che la meta rende buoni. La necessità di avere una bacchetta magica che ci faccia vedere il futuro. La Bibbia non parla di magia, ma di testimonianza così come ci ricorda la seconda lettera di Pietro: "Non per essere andati dietro a favole artificiosamente inventate vi abbiamo fatto conoscere la potenza e la venuta del Signore nostro Gesù Cristo, ma perché siamo stati testimoni oculari della sua grandezza". Dio attraverso parole, sogni e visioni rivela al suo popolo in parte quello che sta per accadere, non perché l'uomo lo possa cambiare, ma perché si possa preparare ad accogliere ciò che sta per avvenire. Tra i vari mezzi di rivelazione abbiamo le visioni, strumenti che non solo permettono al popolo di prepararsi ma infondono coraggio e consolazione. Così il libro di Daniele, in un periodo buio e triste in cui umanamente sembra tutto finito e chiuso, accende una luce e apre una speranza attraverso la visione del Vegliardo e del Figlio dell'Uomo. A quest'ultimo viene consegnato il potere, la gloria e il regno. Il potere non è nelle mani dell'uomo se non in modo limitato e per un breve tempo, il potere eterno, infatti appartiene a Dio che lo ha consegnato nelle mani del suo unico Figlio, a Quale appartiene il regno che non sarà mai distrutto.

Questo regno Gesù ha annunciato all'inizio del suo ministero, un regno che si è avvicinato ed è in mezzo a noi, un regno che richiede conversione e trasformazione. È il cammino che Gesù ha proposto ai sui discepoli e oggi propone a noi che tendiamo alla pienezza della Vita e che nello stesso tempo dobbiamo essere trasformati, "sappiamo infatti che quando si smonterà la tenda della nostra casa terrena, riceveremo da Dio un'abitazione, una casa non costruita da mani d'uomo, eterna nei cieli. Perciò sospiriamo in questa tenda, desideriamo rivestirci della nostra dimora celeste, se però, per quanto spogli, non saremo trovati nudi. E quanti siamo nella tenda sospiriamo come schiacciati, non volendo essere spogliati ma sopravvestiti, affinché ciò ch'è mortale sia assunto dalla vita" (2Cor 5,1-4). I mezzi che il Padre e il Figlio hanno scelto per rivelare e istaurare il regno sono quelli del dono di sé, della sofferenza e della morte: "Da allora Gesù cominciò a spiegare ai suoi discepoli che doveva andare a Gerusalemme e soffrire molto da parte degli anziani, dei capi dei sacerdoti e degli scribi, e venire ucciso e risorgere il terzo giorno" (Mt 16,21). Allo scandalo di Pietro e degli altri apostoli Gesù promette: "In verità io vi dico: vi sono alcuni tra i presenti che non moriranno, prima di aver visto venire il Figlio dell'uomo con il suo regno" (Mt 17,28). La Parola, annuncio della passione e risurrezione, ora viene accompagnata da una visione, quello che Gesù fa trova la sua bontà nel perché e nella meta da raggiungere, ma è necessario per i discepoli, che sono nel buio, incapaci di comprendere la bontà della Parola, avere una luce che non venga solo dal passato ma anche dal futuro e che possa illuminare e sostenere la loro fede. L'esperienza della risurrezione è qualcosa di difficile da comprendere poiché non appartiene al loro bagaglio esistenziale, per tale motivo non riescono ad accogliere la fatica e lo sforzo del passaggio e della trasformazione che comportano la sofferenza e la morte. L'esperienza della Trasfigurazione all'interno del percorso del discepolo ha appunto questa funzione, sostenere la fede e illuminare il percorso che Gesù ha scelto per istaurare il regno. La visione di Gesù che cambia forma e la compagnia di Mosè ed Elia fanno sperimentare a Pietro e agli altri la bellezza della comunione con Dio e la pienezza del regno, tanto da voler materializzare, fissare la comunione stessa nell'atto di voler costruire tre tende. Non sapeva cosa dire perché non aveva ancora compreso che nessuno può costruire una casa all'Eterno, ma che Dio ha posto la sua tenda in mezzo a noi per costruire a noi un'abitazione eterna nei cieli. Le parole del Padre riorientano il cammino dei discepoli attraverso l'invito all'ascolto. Il luogo dove va cercato il Regno è Gesù, è Lui che ha posto la sua tenda in mezzo a noi, lo spazio dove Dio riversa continuamente e fa rimanere il suo amore e dove si compiace di trovare la risposta conforme. L'unicità di Dio, della meta, si manifesta nell'unicità dell'agire del Figlio, il solo che conosce la volontà del Padre la realizza e la rivela: Sollevando gli occhi, non videro più nessuno, se non Gesù solo.

TUTTI I SANTI

LA FELICITÀ È LASCIARE CAMPO LIBERO ALLE COSE DI DIO

Ap 7,2-4.9-14;

Sal 23;

1Gv 3,1-3;

Mt 5,1-12.

Si dice che il tempo modifica ogni cosa, e in parte è vero, se intendiamo il tempo come una possibilità, in cui non è lui a cambiare noi, ma noi a crescere e mutare le cose. È vero, anche, che ci sono cose che non mutano se non per far cambiare; pur restando sé stesse, si muovono e si adattano per diventare causa prima di ogni movimento che ha come scopo la crescita verso la pienezza di quello che già si è, come chiamata.

Che splendida occasione ci dà la liturgia che, nella sua sapienza, ci chiede di fermarci e riflettere e vivere in pienezza il dono della santità attraverso la contemplazione dei santi e dei beati!

Questi amici di Dio e amici degli uomini hanno realizzato il loro percorso terreno verso la comunione con Dio, hanno lasciato il loro esempio, e continuano oggi ad accompagnarci consegnandoci il "testimone" della chiamata che non avrà fine: la vocazione alla santità. Non perdiamo l'occasione di vivere questa vocazione riducendo quest'appello a un semplice e riduttivo sguardo ammirato delle virtù eroiche e dei miracoli da loro operati, cadendo nella tentazione di far riferimento a loro solo come intercessori, scoraggiandoci nel perseguire una meta e percorrere un cammino che, se pur difficile, non è impossibile. Non imitiamo solo i loro gesti esteriori, ma percorriamo insieme con loro il cammino aperto da Dio cercando quella strada speciale che Cristo ha tracciato solo per noi, e che il loro esempio continua a indicare.

Ritorniamo a parlare di santità come vocazione dell'uomo, che sa di essere stato creato a immagine e somiglianza di Dio, il Santo, e sentiamo forte l'imperativo: "Siate santi, perché io, il Signore vostro Dio, sono santo" (Lv 19,2). Ascoltiamo quello che Dio dice: "Facciamo l'umanità a nostra immagine, secondo la nostra somiglianza" (Gen 1,26), non come un'informazione per prendere coscienza di quello che siamo, ma come un compito, come sfida e impegno per quello che Dio ci ha chiamato e ci chiama a diventare. La somiglianza che manca nell'atto creativo, "E Dio creò l'umanità a sua immagine; a immagine di Dio li creò: maschio e femmina li creò." (Gen 1,28), non è una "dimenticanza" di Dio, ma un dono assenza-presenza, una possibilità di cammino per realizzare ciò che Dio desidera per noi e insieme con noi: la santità.

Un cammino dove ciò che manca è dono, è lo spazio che Dio crea mettendo un limite alla sua azione, per far entrare la nostra risposta libera e attiva. Lo stesso spazio che ci chiede di aprire attraverso le beatitudini perché Lui possa entrare e agire cosicché il nostro agire sia un prolungamento della sua eterna azione di amore. Le nove beatitudini, infatti, ci indicano una felicità che nella maggior parte dei casi trova la sua radice in una carenza di cose umane, che lasciano campo libero alle cose di Dio. Una felicità che attraverso questa mancanza inizia già ora: "Beati i poveri in spirito, perché di essi è il regno dei cieli"; "Beati i perseguitati a causa della giustizia, perché di essi è il regno dei cieli", che nel brano delle beatitudini creano una bella inclusione. Nello stesso tempo ci indicano una gioia che è condivisione della stessa felicità piena di Dio nel futuro, quando, come ci ricorda S. Giovanni nella sua prima lettera noi "Lo vedremo così come egli è", una gioia che vivremo nel momento in cui sapremo ciò che saremo, e che cosa significhi "Essere simile a Lui".

Una promessa che richiede un impegno oggi, in questo tempo di salvezza, di possibilità, come ci indicano le beatitudini che vanno dalla seconda alla settima. L'impegno indicato in questa parte delle beatitudini è assolutamente necessario per nutrire la speranza in Lui e serve come purificazione. Tale purificazione viene sintetizzata nella nona beatitudine, che lega la felicità alla persecuzione che ha come causa ultima Gesù Cristo. Ed è proprio qui che scopriamo, anzi ci viene rivelato, che ogni felicità, e quindi ogni santità umana ha un preciso riferimento nel Figlio di Dio, l'unico che orienta il percorso di somiglianza in un cammino di figliolanza, l'unico cui appartiene la salvezza poiché essa è stata realizzata con il suo sangue. Alla domanda dell'Anziano del libro dell'Apocalisse di S. Giovanni: chi sono i santi? ("Quelli vestiti di bianco, chi sono e donde vengono?") si può dare una sola risposta: "Essi sono coloro che sono passati attraverso la grande tribolazione e hanno lavato le loro vesti rendendole candide con il sangue dell'Agnello".

Indice

INTRODUZIONE ... 3

TEMPO DI AVVENTO

I DOMENICA DI AVVENTO: Il tempo della promessa ... 6

II DOMENICA DI AVVENTO: Nel deserto Dio forma il suo popolo ... 8

III DOMENICA DI AVVENTO: Gioia e conversione per gli ascoltatori della Parola ... 10

IV DOMENICA DI AVVENTO: Maria condivide la benedizione ... 12

TEMPO DI NATALE

NATALE DEL SIGNORE: Contemplare il volto dei figli nel Figlio ... 15

FESTA DELLA SANTA FAMIGLIA:
Da ora sapete dove trovarmi: sono venuto tra voi per essere nelle cose del Padre ... 17

MARIA SS. MADRE DI DIO: Maria Madre di Dio e Madre nostra ... 19

II DOMENICA DOPO NATALE: L'incarnazione, inizio di una novità ... 21

EPIFANIA DEL SIGNORE: La meta e la soglia ... 23

BATTESIMO DEL SIGNORE: Il battesimo di Gesù e la sua identità messianica ... 25

TEMPO DI QUARESIMA

I DOMENICA DI QUARESIMA: Satana fallisce e Dio vince ... 28

II DOMENICA DI QUARESIMA: L'uomo desidera vedere il volto di Dio ... 30

III DOMENICA DI QUARESIMA: La conversione è dono di Dio ... 32

IV DOMENICA DI QUARESIMA: La misericordia è capacità di accogliere ... 34

V DOMENICA DI QUARESIMA: L'incontro con Gesù permette il cambiamento ... 36

DOMENICA DELLE PALME E DELLA PASSIONE DEL SIGNORE:
La giustizia di Dio è fedeltà alle sue promesse ... 38

TEMPO DI PASQUA

DOMENICA DI PASQUA - RISURREZIONE DEL SIGNORE
Il coraggio di andare dove il Risorto ci attende ... 41

II DOMENICA DI PASQUA: Gesù, la Chiesa, la Fede ... 43

III DOMENICA DI PASQUA: Le azioni rendono credibili le parole ... 45

IV DOMENICA DI PASQUA: Il Signore è il pastore 47

V DOMENICA DI PASQUA: Che cercate? 49

VI DOMENICA DI PASQUA: Rimanete nel mio amore 51

ASCENSIONE DEL SIGNORE: Il tempo è il luogo di Colui che sempre viene 53

PENTECOSTE: Lo Spirito è la vita nuova......55

TEMPO ORDINARIO

II DOMENICA DEL TEMPO ORDINARIO:
Gesù costituisce una nuova famiglia, quella dei discepoli......58

III DOMENICA DEL TEMPO ORDINARIO: Gesù compie la promessa 60

IV DOMENICA DEL TEMPO ORDINARIO: L'anno di grazia è Gesù......62

V DOMENICA DEL TEMPO ORDINARIO:
Il prodigio della pesca funzionale alla conversione di Pietro 64

VI DOMENICA DEL TEMPO ORDINARIO: Il tempo della felicità inizia con la fede 66

VII DOMENICA DEL TEMPO ORDINARIO: L'amore di Dio vince la morte......68

VIII DOMENICA DEL TEMPO ORDINARIO: Il giudizio come dono di Dio 70

IX DOMENICA DEL TEMPO ORDINARIO: La rivelazione è un dono di Dio 72

X DOMENICA DEL TEMPO ORDINARIO: Gesù è Colui che dà la vita 74

XI DOMENICA DEL TEMPO ORDINARIO: I gesti dicono amore 76

XII DOMENICA DEL TEMPO ORDINARIO: La sequela non ammette condizioni......78

XIII DOMENICA DEL TEMPO ORDINARIO: La libertà è un progetto a cui si è chiamati 80

XIV DOMENICA DEL TEMPO ORDINARIO: La forza dell'annuncio sta nella sua natura 82

XV DOMENICA DEL TEMPO ORDINARIO: Chi è il mio prossimo?......84

XVI DOMENICA DEL TEMPO ORDINARIO: Dio prende sempre l'iniziativa 86

XVII DOMENICA DEL TEMPO ORDINARIO: Signore, insegnaci a pregare 88

XVIII DOMENICA DEL TEMPO ORDINARIO: Arricchirsi davanti a Dio......90

XIX DOMENICA DEL TEMPO ORDINARIO: La beatitudine è il risultato di un incontro......92

XX DOMENICA DEL TEMPO ORDINARIO: Lo sguardo fisso su Gesù 94

XXI DOMENICA DEL TEMPO ORDINARIO: Gesù è la porta 96

XXII DOMENICA DEL TEMPO ORDINARIO: Umiltà è gratuità 98

XXIII DOMENICA DEL TEMPO ORDINARIO: La sequela è frutto del dono di Dio 100

XXIV DOMENICA DEL TEMPO ORDINARIO:Gesù è venuto a cercare ciò che era perduto ... 102

XXV DOMENICA DEL TEMPO ORDINARIO: Lo strumento è scambiato con il fine 104

XXVI DOMENICA DEL TEMPO ORDINARIO: Il tempo è l'occasione per incontrare Dio 106

XXVII DOMENICA DEL TEMPO ORDINARIO: Il giusto si nutre di fede 108

XXVIII DOMENICA DEL TEMPO ORDINARIO: La fede va al di là del bisogno 110

XXIX DOMENICA DEL TEMPO ORDINARIO: La preghiera e la giustizia di Dio 112

XXX DOMENICA DEL TEMPO ORDINARIO: Giusto e giustificato 114

XXXI DOMENICA DEL TEMPO ORDINARIO: Una sotria di sguardi 116

XXXII DOMENICA DEL TEMPO ORDINARIO: Dio non è Dio dei morti, ma dei vivi 118

XXXIII DOMENICA DEL TEMPO ORDINARIO:
Una testimonianza che richiede perseveranza 120

XXXIV DOMENICA DEL TEMPO ORDINARIO NOSTRO SIGNORE GESÙ CRISTO, RE DELL'UNIVERSO: La regalità di Gesù è data dalla fedeltà al Padre 122

ALCUNE SOLENNITÀ

IMMACOLATA CONCEZIONE DELLA BEATA VERGINE MARIA:
Maria donna dell'ascolto 125

I DOMENICA DOPO PENTECOSTE - SANTISSIMA TRINITÀ: Una vita di comunione 127

II DOMENICA DOPO PENTECOSTE SS. CORPO E SANGUE DI CRISTO:
Una presenza che sazia 129

TRASFIGURAZIONE DEL SIGNORE: Il volto del Figlio ci conduce al Padre 131

TUTTI I SANTI: La felicità è lasciare campo liberoalle cose di Dio 133

Immagine di copertina: "Visitazione dei Magi"
a cura del Prof. Gaetano Imbesi

Printed by Books on Demand GmbH, Norderstedt / Germany